海之怪

海釣り師たちが見た異界

高木道郎

Temjin

海之怪

海釣り師たちが見た異界

高木道郎

Temjin

カバー装画＝多賀　新
魚シリーズNo.12「潑溂」
銅版画

目次

第2章　水のなかから

第3章　人智を超えたもの

第4章　特別な場

はじめに

本格的に釣りという遊びに取り組み始めて40年ほどになる。海辺の街に住んでいることもあって、私の釣りは海釣りである。海釣りのなかでも、磯から小さなウキを使ってクロダイやメジナやマダイといった魚を狙う磯釣りが中心である。最初は近場の海で遊んでいたのだが、次第に行動範囲は広くなって遠くまで足を延ばすようになった。当時の日本はすでに交通の便がよくなっていたとはいえ、自宅がある神奈川県から伊豆《いず》半島や房総半島へ出かけるときは1泊釣行がふつうで、神津《こうづ》島や式根《しきね》島などの伊豆諸島へは東海汽船を使って2泊3日くらいで行くのが当たり前だった。

沖に浮かぶ離れ磯へ渡してくれる渡船が経営する宿に泊まり、余裕があれば長逗留《ながとうりゅう》することもあった。そんなときには夕食後に船長を囲んで酒を飲みながら話をする。話の輪に奥さんやおばあちゃんが加わることもあったし、先代（引退した老船長）が一升瓶を片手に参加することもあった。

釣りをめぐる話が一段落すると、「そういえば」「あんたたちは知らんと思うが」「もうだいぶ以前の話だが」といった口調で昔話が始まる。そんな昔話のなかにはちょっと信じられないような話、奇妙な話、不思議な話、怪談めいた怖い話もあった。もちろん、すべて海にまつわる話である。遠い波音をＢＧＭに幾度となく語られたであろう昔話には、人を引き込む魅力と説得力があった。夏は蚊取線香の匂いが、冬はストーブの炎が、船を操舵するときとは違う表情で船長が語る物語に色を添えた。

釣りをして写真を撮り、釣行記を雑誌に書くことが半ば仕事になると、行動範囲も広がって東北や北陸、紀州や瀬戸内、四国や九州、北海道や沖縄へも足を延ばすようになった。いつしか船宿での昔語りは、釣行に欠かせないイヴェントになった。その場に集った釣り人からも「海での怪異」話がいくつも披露された。方言がきつくて言葉が半分も理解できないこともあったが、不思議と話の内容はきちんと耳に入った。語りの力なのだろうか。

道路がよくなり、車の性能もよくなり、伊豆半島は日帰りコースになって、宿泊して釣りをすることが稀になった。伊豆諸島の式根島や神津島でさえ、伊豆半島の下田《しもだ》港まで渡船が迎えに来る日帰りチャーター便というのが当たり前になって、東海汽船を利用することも少なくなった。事情は地方も同じで、よく通った秋田県の男鹿《おが》半島でいつもお世話になっていた2軒の渡船宿から「ばあちゃんの足腰が弱ったから宿は閉めることにした」という連絡が入ったのは、もうずいぶん前のことだ。

渡船宿に紹介してもらった近くの旅館も数年前に廃業している。道路が整備されて秋田市内からも日帰りできるようになったのが要因だと思うが、世代から世代へ、人から人へ語り継がれてきた海の物語は途切れることになった。語り継ぐ場を失った物語はどこへ行くのだろう。

こういう現象は釣りの世界だけに限らず、日本中の海辺で起こっている。やけに明るくなった海岸道路が、海の向こうにある異界への扉を閉ざしてしまい、海の物語は帰る場所を見失っているのかもしれない。サーファー、ダイバー、漁師たちから採取できる話の数も年ごとに減少している。

妖怪たちが生きるのに必要な曖昧模糊《あいまいもこ》とした闇が失われたように、海の怪異もエラ呼吸するための水を地上に見つけられなくなったのかもしれない。明るくて乾いた世界、効率と能率を優先した直線的で平面的な世界。そこでは非科学的で常識では理解できない物事は、よけいなもの、平穏な日常生活を邪魔する異物として即座に排除される。

たしかに、本書で紹介する怪異話もなんの役にも立たない話であり、未来へとつながる話でもない。「バカバカしい」と一笑に付されるかもしれない。効率や能率とは無縁、検証しようもなければ実証しようもない話ばかりだ。

けれど、そういった話は本当になんの役にも立っていないのだろうか。今回、海にまつわるいろいろな怪異話を集めてみて、そこにさまざまなサインを読み取ることができた。たとえ意味のない話であっても、その話が創り出す余白みたいなものが日常をかろうじて支えている気がした。

今、妖怪たちは漫画やアニメの世界に逃げ込んで生き延びているが、怪異話はかろうじてホラーのなかで残滓《ざんし》を漂わせているにすぎない。語られることで生きながらえてきた、取るに足りない物語たちは、語り継がれないことで成長を止めて干からび始めている。干からびて、砕けて、消える前に掬《すく》い上げて「標本化」しようと思ったのは、成長を止めた物語を数多く見送ってきたからである。

どうしても思い出せない話がたくさんある。

どうしても聞き出せない話もたくさんあった。

本書で紹介するのはどうにか思い出せた私の体験談や聞いた話であり、知り合いの釣り人や船長やサーファーや漁師などからわずかに聞き出せた話である。活字にすることで成長は止まり、そのぶん少しだけ尾ヒレがついているかもしれないけれど、日常の隙間に湿り気と潮臭い闇を滲《にじ》ませる力はまだ残っていると思う。

第1章　そこにいたなにか

添えられた手

海の怪異現象は「気配」や「音」に起因することが多い。

岩場や船縁《ふなべり》を絶えず洗う波のリズミカルな音が催眠作用をもたらすのと同時に、眠ってはいけないという防御本能を働かせ、無理に覚醒しようとする、半ば朦朧《もうろう》とした意識の向こうに「異界への扉」が開いてしまうのではないだろうか。

これは長崎県にある離島、磯釣りの釣り場として有名な男女《だんじょ》群島へ釣行したときの、私自身の経験である。

男女群島は、長崎県五島列島福江島の南南西70キロほどに浮かぶ無人島で、釣り人を磯へ運ぶ渡船（瀬渡し船）が高速艇になった現在でも、1泊2日か2泊3日というパターンが一般的だ。

多くの場合、釣り人は夜中に比較的安全な島陰《しまかげ》の地磯《じいそ》へ渡り、朝になると外海の独立磯などへ場所替えをして夕方まで釣る。夜は船に戻って仮眠するグループと、島陰や入江内の磯へ移動して半夜釣りをする瀬泊まりグループに分かれる。瀬泊まり組はガスコンロなどを持ち込んで食事を作り、夜の9時か10時頃まで釣ったあとはシュラフに潜り込んで磯の上で寝る。

せっかくなので私は瀬泊まりにしたが、12月ということもあって東シナ海を渡る風は冷たく、夜中に寒さで目が覚めてしまって眠れぬ夜を過ごした。しかたがないので仲間たちの邪魔にならぬように少し離れた岩場に座り、満天の星空を見上げながら煙草を吸っていた。

2本めの煙草に火をつけたとき。ふと、横に誰かの気配を感じたのである。気配を感じたのだが、なぜか視線を向けて確かめることができなかった。金縛《かなしば》りに遭ったように体が動かなかったのだ。同時に、岩場に置いた左手の上に重みを感じた。それは温かくも冷たくもなく、そっと手の甲に乗せられた重みだった。左手を持ち上げて、払いのけることもできなかった。

最初は背筋に冷たいものが走ったが、しばらくすると隣に誰かがいる気配にもちょっと慣れてきた。吸いかけの煙草を指に挟んだ右手だけは自由に動いたので、ゆっくり深呼吸するように煙を吐き出した。その動作を3回ほどくり返すと気持ちが落ち着いてきたが、相変わらず煙草を持つ右手と口周り以外は、まったく動かすことができなかった。

すぐ横に座り込んで、私の手の甲に自分の手を乗せた（おそらく）誰かは、なにかをつぶやくでもなく、伝えるでもなく、脅すでもなく、ただ、そこに居続けた。静かな波の音だけが暗闇に打ち寄せ、波音の向こうで熟睡している仲間のイビキがたまに聞こえた。閉じることもできない目には、星が痛いほどきらめいていた。

*

ずいぶん長い時間のように感じたが、左手の甲から重みが消え、隣に座り込んでいた気配が消え、誰もいない、なにもない左隣へ視線を向けられるようになったとき、煙草はまだ3分の1ほど燃え残ったままだった。時間にすれば2〜3分だったのだろう。

短くなった煙草を口にくわえ、息をゆっくり吸って呼吸を整え、ずっと重みを感じていた左手の甲をさすりながら、なにが起こったのか確かめようと試みた。しかし理屈で説明できないのは自分でもわかっていた。最初こそゾクッとしたものの、不思議と怖さはまったく感じなかったし、仲間を起こして今しがた起こったことを喧伝《けんでん》しようとも思わなかった。人に伝えるべきできごとではない気がしたのである。煙草を吸い終えて再びシュラフに潜り込んだあとは、寒さも感じず朝まで熟睡することができた。

朝になって場所を移動し、良型のオナガ（クロメジナ）やイシダイを釣り、重くなったクーラーボックスとともに迎えの船に乗り込んだ。キャビンでは、シケ始めた大きな波の揺れを背中に感じながら眠ってしまった。

休憩のために福江島の港へ立ち寄ったとき、先輩釣り師のOさんが私を手招きしてこう言った。

「船舶電話で連絡があったんだけど、Hさんが亡くなったんだって」

まだ携帯電話などなかった時代の話である。私はもう知っていますよという口調で、「そうなんですか」と答えた記憶がある。あとから聞いたH氏の死亡時刻は、夜の磯で隣に誰かがやってきた時間とほぼ合致していた。

H氏とは釣りの会合などで何度もお会いして言葉を交わしていたけれど、それほど深いおつきあいではなかった。なぜ、私のところに来てくれたのかは謎である。Oさんのところにも別れの挨拶に来ていたのかもしれないが、そのOさんも今は向こう側の住人になっているので、確かめようはない。

銀色の光とスパイクの音

私の場合は「気配」と「重み」だけだったが、夜の海辺では、誰もいないはずなのに「声」や「足音」を聞いたという話も多い。謎の光を見たという人もいる。

これも場所は長崎県の男女群島。和歌山県で釣り具店を営み、磯釣りの名手でもあるFさんの経験だ。釣り雑誌主催のフィッシング・ツアーに参加して、男女群島を訪れたときのことだそうだ。

男女群島にはその名の通り、男島《おしま》と女島《めしま》という大きなふたつの島がある。その日はシケ気味だったので、足場のよい女島の屛風《びょうぶ》岩手前の磯に釣友のMさんと渡り、そのままそこで夜釣りと瀬泊まりをすることになった。ただ、同行のMさんは夜釣りが苦手で、夕食を食べたあとはすぐにテントへ潜り込んでしまった。Fさんも少しやって寝るつもりだったのだが、大物らしき魚にハリス（ハリに直接結ぶ細い釣り糸）を切られたため、夜8時くらいまではやってみようとハリスを結び直して釣りを続けた。

しばらくするとあたりが急に明るくなって、沖に大きな明かりが見えた。漁師が夜焚き漁（集魚光でイカなどを寄せる漁のことで、昔は火を焚いたことからこの名前がついた）でもしてるのかなと思っていたら、その明かりがズンズンとこちらに接近してきた。

スピードは徐々に速くなって猛烈なスピードで近づき、視界いっぱいに銀色の光が広がった。と思った次の瞬間、今度はサーッと遠ざかり、光の玉となって海中へ消えた。唖然として見ていると、海面が再び明るくなってその光の玉がゆらゆらと宙に舞い上がった。

驚いたFさんは、テントでぐっすり寝ていたMさんを起こした。寝ぼけ眼でテントから這い出たMさんも、その光の奇妙な動きにいっぺんで眠気が吹き飛んだそうだ。ふたりが見守るなか、光は再び海中へ没し、また夜空へゆらゆらと舞い上がり、そのままどこまでも昇って消えたという。

なにしろ目撃者はひとりではなくふたりである。

あれはなんだったのか。ふたりは腰を抜かしたように岩に座り込みながら語り合った。火の玉でもないし、船の集魚光でもない。ＵＦＯかな？　と。

いくら語りあっても答えの出ようはなく、割り切りの早いＭさんはまたテントに潜り込んだのだが、その夜の不思議はそこで終わらなかった。

不思議な光の玉が消えた夜空を見上げ、満天の星を眺めていると、ふいに磯を歩くスパイクの音がしたのである。この磯に渡ったのはふたりだけのはずだった。それともほかの船が知らぬ間に釣り人を渡したのだろうか。いや、それはあり得ない。船がライトを照らしてこの磯へ近づけば気づくし、荷物を受け渡すときの音や釣り人たちの声が響き渡るはずだ。それほど大きな磯ではない。

Ｆさんは素早く音の理由を見つけようとしたが、自分たち以外のスパイクの音が聞こえる理由は思いつかなかった。ガチャガチャガチャ。ガチャガチャ。大きく移動したり走ったりするわけではなく、狭い範囲を数歩だけ移動してなにかをしているような足音だった。

それは背後にある岩山の向こう側から聞こえてくる。向こう側には、自分たちもそこに船を着けて渡った平らな岩場がある。とはいえ、自分たち以外にこの磯へ渡った釣り人はいないはずだ。ガチャガチャ。ガチャガチャガチャガチャ。耳を澄ましてみたが、声は聞こえてこない。怖ろしくはあったがこのままでは埒《らち》があかないと、意を決してそっと起ち上がり、姿勢を低くして足音をたてないように岩をよじ登った。

すると、そこには白い服を着た釣り人がふたり、竿を出しているではないか。竿が動いているのが見える。どうもそのふたりは男女のように見えたが、なぜかライフジャケットや防寒着は着ていないようだ。ただ、白っぽく見える上下揃いの作業着のようなものを着て釣りをしていた。足下はよく見えなかったが、ちゃんと足はあるようだし、なにしろスパイクを履いているのである。そんな幽霊はいないだろう。

幽霊のはずはない。幽霊であるわけはなかったけれど、そのふたりがそこにいる理由、そこで釣りをしている説明はつかないまま、気がつけば背中にびっしょりと汗をかいていた。Fさんは岩の斜面に寝転がって呼吸を整え、目を閉じた。再びまぶたを開いて夜空の星を見上げるまで、どれくらいの時間がたったのかはわからない。一瞬だったようにも思えるし、少し寝入ったような気もするし、しばらく寝込んでしまった気もする。

上半身を起こして、そろりそろりと岩を降り、Fさんはテントに潜り込んだ。もう一度船着場を見る勇気はなかった。後ろを振り返る勇気もなかった。

朝になってMさんにその話をすると、笑いながら「男と女が釣りをしてた? そりゃここは男女群島やからな」と言って取り合わなかった。一緒に目撃した光の玉も、「あれは不思議だったな。でも宇宙は広いんやから、物好きなUFOの1機や2機くらい、飛んできても不思議はないやろ」と笑うばかり。

それにしても奇妙な夜だった。とFさんはつぶやいた。

夜釣りをしたのは

「陸っぱり」と呼ばれる磯や堤防、砂浜から竿を出しての夜釣りには、夕方から夜10時くらいまでの「半夜釣り」と、朝までの「通し釣り」という二通りのスタイルがある。そしてそれとはまた別に、島などに船で渡って泊まり込みで釣りをする「瀬泊まり」というキャンプの要素を兼ねた夜釣りもある。この釣りスタイルは、離島が多い九州地区で盛んである。

そんな九州の宮崎県に住む釣り名人Hさんが教えてくれた、「瀬泊まり」にまつわる話に耳を傾けてほしい。

＊

釣り場で幽霊と遭遇したという話はたびたび耳にしますが、私は霊を感じる能力が乏しいのか、残念ながら一度も出くわしたことがありません。幽霊が出ることで有名な長崎県男女群島の「上の赤瀬」でも何度も瀬泊まりをしましたが、まったくそれらしい現象には遭遇しませんでした。

しかし過去に一度だけ、どう考えても理解不能なできごとを体験したことがあります。私が釣友数人と磯釣りクラブを起ち上げる以前、60センチを超すオナガを狙って冬場の鹿児島県口永良部島《くちのえらぶ》へ遠征していたときの話です。

今から40年近くも昔のことで、高速道路もまだ整備されてなかったため、自宅から離島便の出港地である鹿児島港までは6時間もかかりました。そこから折田汽船のフェリーに乗船して、4時間ちょっとで屋久島の宮之浦港に到着です。さらにフェリー「太陽丸」に乗り換えて2時間ほどで口永良部島の本村港に着くのですが、到着と同時にあわただしく瀬渡し船兼漁船にエサや釣り具類を積み替えて、午後4時頃には磯に向かって出発です。昔は本当に大変でした。

いつもは港を出て右手の「オノ先」や「野崎鼻」、「男立神《おとこたてがみ》」方面へ向かうことが多いのですが、この日は港を出て左の「長瀬」や「横瀬」方面を目指しました。このとき上がった磯の名はさだかではないのですが、本村港から30分ほど走ったところにある斜めにだらだらと落ち込む地形で、大波が来たら上まで波が這い上がってくるのだろうなと思ったのを憶えています。

瀬泊まり用の荷物を磯に上げ終えるともう薄暗く、釣友のOさんとふたり並んで竿を出す頃はすっかり暗くなっていました。10時頃になると疲れからか睡魔に襲われ、私はOさんにひと声かけてかなり上にある岩の窪みにシュラフをセットし、朝までぐっすりと寝込んでしまいました。

翌朝。もう少し下で寝ていたOさんと朝の挨拶を交わしました。するとOさんが奇妙なことを言うのです。

「おはようございます。昨夜は夜中に起きて釣りをやったんですね？」

「おはようございます。いや、1回もせんかったよ。朝まで爆睡。ただの一度も起きんかったけど、どうして？」

「えっ、夜中に起きて、私の枕元を磯靴でガツ、ガツ、ガツと何度も釣り座まで行ったり来たりしてたじゃないですか」

「それは絶対ない。さっき目が覚めたばかりじゃから」

互いに顔を見合わせながら、その不思議な会話は続きました。

「あのあとはアタリもなかったし、疲れていたのですぐに寝たのですが、Hさんが何度も枕元を行ったり来たりする磯靴の音に目が覚め、なにをしているのだろうと不思議には思ったんです。それでも、疲れていたので眠気には勝てずに寝入ってしまいました」

「そりゃなにかの勘違いじゃろ。空耳かもしれん。近くにあったジュースの空き缶とかが風で転がって音を出したとか」

「いや、それは絶対にないですわ。一度シュラフから頭だけ出したときも、釣り座に向かって歩く後ろ姿を見ましたから」

「私の後ろ姿を？　それはあり得ん」

「小便とかでも、私の枕元を歩いちょらんかったですか？」

そこで会話は途切れ、互いに顔を見合わせるばかりでした。

＊

Oさんが人よりも霊感が強いとか、幽霊に遭遇したという話は聞いたことはありませんから、彼の見たのが私の後ろ姿だとしたら、私は夢遊病者のように磯を歩きまわったことになります。しかしそのためにわざわざ磯靴を履くだろうかと考えると、その推理にはちょっと無理があるようにも思えます。

あとで聞いた話では、私たちが釣りをした数年前の夜に、同じ場所で釣り人が波にさらわれて亡くなったそうです。船が磯に近づいたときに漠然と感じた、「大波が来たら上まで這い上がってくるのだろうな」という不安は、ひょっとするとその釣り人が感じた不安が私に乗り移ったのかもしれません。あまり霊的な話は信じないほうですが、だとすれば、亡くなった釣り人が成仏《じょうぶつ》できないままにさまよい、たまたま釣りに来た私に乗り移ったということなのかもしれません。

私自身は磯靴の音も自分の後ろ姿も見ていませんが、あのときの会話を思い出すと今でも背筋が寒くなります。

背中を押すな

夜釣りをしているときに後ろから声をかけられたという話は多い。

たいていは「釣れる？」「釣れますかぁ？」という問いかけで、振り向くと誰もいないというパターンである。その釣り場で不慮の事故に遭って亡くなった釣り人の霊がさまよい、釣りを楽しんでいる人を見かけると釣果が気になるのだろうとされる。声を無視するといきなり背中を押されることもあるようだ。

*

これは神戸在住の釣り人Oさんの友人であるTさんに起こった怪異。

今から30年ほど前のできごとだという。当時、Tさんは夜中に定時を迎える職場に勤めていたこともあり、勤め終わりの夜のチヌ（クロダイ）釣りにハマったそうだ。

その日も夜中の0時に仕事を終え、いつもの釣り場へ向かい、いつも竿を出すテトラポッドのポイントへ。明るい場所で仕掛けの準備をすませ、護岸の先のテトラポッドに座って釣りを始めたのが深夜1時頃。すぐに小ぶりのチヌを釣り上げ、今夜は入れ食いになりそうだなどとニンマリしながら2枚目のチヌを釣り、2時頃にやや大型の3枚目のチヌを食わせてやり取りをしているとき、誰かに背中を押されたのだという。

それもそっと押されたのではなく、いきなりドンとけっこうな力。場所がテトラポッドの上だけにヒヤリとしたが、どうせイタズラ好きのOさんの仕業《しわざ》に違いない。そのままやり取りを続けながら、「危ないからやめろや!」と背後に立っているはずのOさんに文句を言ったところ、今度は前よりも強くドンドンと押されたそうである。

背中を押す力は「冗談」とは思えないほどの力強さで、Tさんは急に怖くなって、後ろを振り向くこともできずに体がこわばってしまった。もう釣りどころではない。あと少しで取り込めるはずだった良型のチヌは、当然のように足下のテトラポッドに潜り込んでハリスを切っていったが、そんなことはもうどうでもよかった。

口の中で念仏を唱えながら大急ぎで竿をたたみ、エサを投げ捨て、おそるおそる後ろを見ても誰もいない。誰もいないのだけれど、なにかの気配は感じる。起ち上がったときに押されたら海に落ちると思い、這うようにして背後の隙間《すきま》がない場所に座り直し、そこでお経を唱えながら夜が明けるのを待った。

するとやがて、ずっと背後にいたなにかが消えていくのがわかったのだという。それでも起ち上がってテトラポッドの上を歩く勇気はなく、朝まで座っていたそうだ。ちなみにその日はお盆の中日、まさか冥途《めいど》へ戻るための道連れを探していたわけでもあるまいが、生きた心地がしなかったという。それでもいったんハマった楽しみはあきらめられず、その後もせっせと同じ場所へ通い詰めたが、同様のことは二度と起こらなかった。

一度だけ、釣りをしているときに背中をそっと押されたが、それは話を聞いたOさんが脅かしてやろうとイタズラしたもので、押された感触の違いからすぐに気づいたという。それに背中を押されたときに、「釣れますかぁ?」と耳慣れた声がしたのだとも。

4人目の男

海辺でよく起こる怪異パターンとして、「ひとり多い」というのもある。

これは「こっくりさん」や「座敷わらし」などと同じ類型だろう。波の音が絶えず聞こえる海辺で、誰もいないはずなのに磯靴のスパイクの音が聞こえた、話し声や笑い声が聞こえたといった「幻聴」をベースとしたものが多いが、見えないはずのなにかを見てしまう「幻視」をベースとした怪異も少なくない。

たとえば、これは静岡県伊豆半島の地磯でのできごとである。

*

地磯からの釣りには、切り立った岩場の上から竿を出すやりかたと、ゴロタ浜と呼ばれる丸い大きな石が連なる浜から竿を出すやりかたがある。これはゴロタ石が積み重なるワンド（湾処、小さな入江状の地形）で、知人たちが体験した怪異話。

その日、職場の釣り仲間3人を誘って、4人で目指すワンドに入ったのは昼すぎだったそうだ。夕まずめを挟んで夜の10時前後まで竿を出す、半夜釣りと呼ばれる釣行パターンである。せっかく潮回りを選んで出かけたのにあまり魚は釣れず、ちょっと拍子抜けしたような雰囲気になった。

誘った手前、場を盛り上げようと「記念写真」を撮ることにした。背後と両サイドを高い崖で囲まれているため、陽がかげるのは早いのだが、期待の夕まずめまではまだ時間がある。ワンドの右奥から竿を出していたNさんはバッグからカメラを取り出し、少し離れて竿を出している仲間にレンズを向けた。

カメラもデジタルではなく、フィルムの時代である。その場で撮った画像を確認できるわけではない。フィルムが現像され、印画紙にプリントされて戻ってくるまでなにが写っているのか、どう写っているのかわからないという楽しみがあった。

数日後、近くのカメラ屋で受け取った写真を職場に持ち込み、休憩時間にみんなで見ることになった。ちょっとワクワクしながら、釣り場へ向かうみんなの姿を撮った写真や、暗くなってからフラッシュを焚いて撮った魚の写真などを見ていると、ひとりが不思議そうな表情で1枚の写真を見つめていた。

「どうした?」

「いや、あの日は俺たち4人で行ったんだよな」

「そうだよ。なにをいまさら」

「ほかには誰もいなかったよな」

「いるわけないじゃん」

「でも、これ、4人写ってるんだけど……」

　それはあの日、陽がかげり始めた時間帯に撮られたカットである。彼はワンドの右奥から仲間たちを撮った。なので、そこには3人の釣り人が写っていなければならないのだが、なぜか4人目の釣り人がいるのだった。

「4人いるよね」

「たしかに4人いる」

「じゃあ、誰がシャッターを押したのさ」

　よく見ると、手前から3人までは仲間に間違いない。そのうちのふたりはカメラに気づいてピースサインまでしている。ただ、一番奥の大きな岩に片足を乗せて竿を出している大柄な男には見覚えがない。Nさんたちは仕事仲間の釣りクラブみたいな気分でいたため、レインウエアは上下レッドのお揃いだったが、その大柄な男が着ているのは地味な紺色のレインウエアだった。ライフジャケットも着ていない。

4人は言葉を失い、顔を見合わせて生唾を飲んだ。それから、おそるおそる休憩室をゆっくりと見回したそうだ。以来、誰もそのワンドには釣行していないという。

「エサをくれよ」

石川県の能登《のと》半島へはクロダイ狙いで何度か釣行しているが、これは地元の釣り人から聞いた話である。

能登半島は南部の口能登・中能登、北部の奥能登に大きく分けられる。奥行きの深い半島である。日本海に面した海岸エリアを外浦、能登島を中心に富山湾や七尾湾に面した海岸エリアを内浦とも呼ぶ。

ある釣り人が、内浦の離れ島へ渡って釣りをしていたときのことである。外浦と違っていつも波静かな内浦は、入江や湾を好むクロダイにとっては絶好の生息環境で、魚影も濃く、県内はおろか他県からも釣り人が訪れる。その日は春の乗っ込みシーズンの日曜日だったせいもあり、県外からの釣り人も多く、渡船は大盛況だったという。できるだけ静かな場所で竿を出したいと思い、ほとんどの釣り人が狙いの場所へ渡り終えたあと、ひとりで実績のない無名磯へ渡してもらった。

実績がないとはいえ、産卵を控えたクロダイたちが湾内の深場から浅場へと群れを作って人移動する乗っ込みシーズンである。それなりの水深さえあれば釣果は期待できるに違いない。新たな釣り場を開拓するという意味合いもある。

船長と相談しながら渡してもらった磯は二十畳ほどの広さで、中央部に小高いふたつの岩山があり、海面から1メートルほどしかない平らな岩棚に囲まれた小島だった。岩山といっても高さは3メートルほど。荷物をそこへまとめ、少し海へ突き出た釣りやすそうな場所を選んで寄せエサを撒き始めたが、エサ取りすら寄ってこない。それでもあきらめずに寄せエサを撒きながら竿を出していると、いきなりウキが沈んで良型のクロダイが釣れた。

メジャーで測ると45センチとまずまずのサイズである。そのクロダイをフロートつきのスカリ（魚を生かしておくビク）に入れ、この調子だと昼前にスカリがいっぱいになるかもしれないなどと、捕らぬ狸の皮算用をしているうちに風が吹き始め、いかにも雨をたっぷりと含んだ感じのぶ厚い雲が広がり始めた。

しばらくすると、案の定、冷たい雨が降ってきた。ライフジャケットの下に雨具を着込んでいるので雨は気にならないが、さすがに寒い。最初のクロダイを釣り上げてからは魚の反応もなくなり、雨が降りしきる海面ではウキがしょんぼりと浮かぶばかり。

昼をすぎたので竿を置き、岩山の途中にある岩棚に腰かけて弁当を開いた。ポットの熱い茶を飲みながら弁当を食べていると、岩山の向こう側で音がする。なんの音だろうと思いながらも弁当を持ったままなのでやりすごしていると、なにやらガサゴソとゴミを漁るような音が聞こえてきた。

急いで弁当を食べ終え、音の正体を確かめようと起ち上がりかけたときだった。

「悪いけど、エサをくれよ」という声がして、振り向くと盛り上がったふたつの岩山の間から男が手を伸ばしている。釣り人の格好はしているのだがずぶ濡れだ。

「エサって、コマセ（寄せエサ）か、それともつけエサのほうか？」

「つけエサだけでいいよ」

「オキアミしかないけど、いいか？」

「ああ、オキアミをひとつまみでいいよ」

弁当の容器を片づけ、釣り座に戻ってエサ箱からオキアミをひとつまみ掌に載せ、サービスだとばかりにもうひとつまみ載せて岩山へ戻ると、男の姿がない。

どこへ行ったのだろうと、岩山の裏へ回ってみたが誰もいない。周囲の海を見回したがそれらしいボートの影もない。

そこは陸地からはだいぶ離れた独立磯である。渡船で渡ったのは自分ひとりだったのだ。てっきりマイボートであとから渡ってきたのだろうと思ったが、思い返してみればそれらしい音は聞こえなかった。

そんなことを思いめぐらしているうちに寒気がしてきた。

あれは誰なんだろう。いや、なんだったんだろう。

自分はたしかに姿を見ているし、会話もした。しかし、どこを探しても誰かがいた痕跡はない。そもそもボートを使って渡ってくるような場所でもない。いろいろ考えているうちに体が震えてきた。もう釣りどころではない。

震える手で竿をたたみ、帰り支度をすませてからスカリを引き上げ、1匹だけの貴重なクロダイだったが、なんとなく薄気味悪いので逃がすことにした。

雨が強くなったせいか、渡船が約束の時間よりもだいぶ早く迎えに来てくれた。荷物をまとめて船が近づくのを待っているとき、また声が聞こえたような気がした。

「エサをくれよ」

ゾッとしてエサ箱に残ったオキアミをぜんぶ足下へひっくり返し、まるで盛り塩のように置いて迎えの船に飛び乗った。霊感が強いわけではなく、あとにも先にもそんな経験をしたことはないという。どうしていいかわからず、船長にも釣り仲間にもその話をしたことは一度もなかったそうだ。

石積み突堤の老人

瀬戸内海には岬や小島が無数にあり、入り組んだリアス海岸に挟まれた海峡は広大な汽水域を形成、潮の上げ下げによる急流がかけ抜ける。塩分濃度の高い外洋を好む魚は少ないが、クロダイやスズキのような汽水を好む魚の魚影は濃く、古くからクロダイ釣りのフィールドとして名を馳せている海域が多い。

私が釣りをしたことがあるのは岡山、広島、愛媛の3県であるが、渡船で香川県内の釣り場へも足を延ばしている。太平洋に面した関東の釣り場とは違って、波静かな多島海は天候に左右されることが少ない楽園のように思えた。とりわけ印象深かったのは広島県福山から渡船で訪れた石積み突堤である。

＊

港を出るとたくさんの島を通りすぎ、水道を通り抜け、湾曲した小さな砂浜から突き出ている石積みの突堤先端に船が舳先《へさき》を押しつけた。50メートルほど離れたところにも突堤があり、その砂浜には合計3本の石積み突堤が突き出ていた。

3本ある突堤に釣り人がひとりずつ、というなんとも贅沢な配置なのだが、そこがどこでどういう特徴のある釣り場なのかや水深や地形や潮流の特徴、釣りかたも教えてもらっていなかった。釣り場に着いてから一緒に渡る釣り人に聞けばいいと思っていたので、まずは周辺の様子を観察するところから始めなければならなかった。

事前情報がないこういう釣り場では、ポイントを探し出すまでがまるでパズルゲームのようなおもしろさがある。それまでの知識や経験を総動員して観察した地形や潮流の特徴から最初のポイントを予測、その場所に適した仕掛けを作って釣り始める。それも磯釣りの醍醐味だ。

寄せエサを投入して狙いをつけたポイントへ仕掛けを投入する。最初の1投にはまったく反応がなかったが、早くも3投めに良型のクロダイが食いついてくれた。予想以上の魚影の濃さである。

順調に3匹釣り上げたところで、石積み石に腰かけて缶コーヒーを飲みながら休憩する。遠くには島と島を結ぶ橋が見える。あれが岡山と香川を結ぶ瀬戸大橋なのだろう。だとすれば左へこのまま行くと小豆島《しょうど》があるはずだ。先ほどまで降っていた雨も上がり、周辺の景色が輪郭と色彩を取り戻してきた。自分がどのへんにいるのかもなんとなくわかってきた。

背後の砂浜は美しく、シロギスの投げ釣りも楽しめそうだ。砂浜に沿って道路が抜け、民家らしき家屋が数軒見える。ここは島の一部なのだろうか。それとも陸地から続く岬の陰なのだろうか。そんなことを思いながらバッグからコンパクトカメラを取り出し、周辺の海景にレンズを向けてシャッターを切る。

潮がだいぶ満ちてきた。瀬戸内海は干満の差が大きい。風も少し出てきたので仕掛けを替えようと糸を結び直していると、ふいに後ろから声をかけられた。

「ええチヌが釣れましたな」

糸の端を口にくわえたまま「ええ」と返事をして振り向くと、地元のおじいさんが腰を屈《かが》めてこちらをのぞき込んでいる。逆光で見づらかったが、人のよさそうなシワだらけの笑顔だった気がする。どこかの工場の作業着のような濃紺の服を着ていて、上着はしっかりズボンのなかに入って太いベルトが巻かれていたが、足下を見るとサンダル履きだった。やはり濃紺のツバつき帽子を被っていた。

それからふた言、三言、言葉を交わし、おじいさんは片手を上げて帰っていった。起ち上がって交換し終わった仕掛けを少し沖へ投入したが、それからはまったく生命反応が感じられなくなった。あの手この手と仕掛けを取っ替え引っ替えしてみたが、一度口をつぐんだ海は押し黙ったままだった。

しかたがないので釣り場を少し休ませてみようと竿を置き、突堤のつけ根まで歩いてみることにした。自分が立っていた石積み堤は高かったが、つけ根はそれよりも数段低く細くなっていて、砂浜と石積み堤を結ぶ通路のようなコンクリート部分は崩れて海水に洗われていた。

ハッとして周辺を見回したが、さっき話しかけてくれたおじいさんらしき姿はどこにも見えなかった。声をかけられたのはそれほど前ではない。だったらこの崩れたコンクリートの通路はもう海面の下だったはずだ。なのに、サンダル履きの足はまったく濡れていなかった。

もちろん、姿が見えないのは数軒ある家のどこかに入ってしまったとも考えられるが、サンダル履きの乾いた足の説明はつかない。納得はできなかったが、それ以上なにをどうチェックすればいいのかもわからず、釣り座へ戻って釣りを続けた。

しかし、おじいさんが気になったせいか海況が変化したせいか、それからはまるで魚の反応がないまま納竿時間となった。早めに道具をしまい、もう一度つけ根まで行ってみたが、何度見ても足を濡らさずに渡ってこられるような「仕掛け」は見当たらなかった。

消えた乗船客

新潟県の沖合に浮かぶ佐渡島《さどが》は、「島」と呼ぶには大きすぎるほどに大きい。作家の太宰治は佐渡島への船旅で、その巨大な島影に不安が募り、甲板《かんぱん》をおろおろ歩きまわる自分の姿を自嘲気味に書きつづっている。

「船の真直ぐに進み行く方向、はるか前方に、幽かに蒼く、大陸の影が見える。（中略）満洲ではないかと思った。まさか、と直ぐに打ち消した。私の混乱は、クライマックスに達した。日本の内地ではないかと思った。それでは方角があべこべだ。朝鮮。まさか、とあわてて打ち消した。滅茶滅茶になった。能登半島。それかも知れぬと思った時に」（太宰治『佐渡』より）

やっと船内がざわざわとして船が佐渡島に着いたことを知る。そうして佐渡島の大きさにあきれ果てるのである。

「あの大陸が佐渡なのだ。大きすぎる。北海道とそんなに違わんじゃないか」と。

この小説とも随筆とも紀行文ともつかない作品の冒頭には、太宰が乗船した汽船のデータが記されている。

「おけさ丸。総噸《トン》数、四百八十八噸。旅客定員、一等、二十名。二等、七十七名。三等、三百二名。賃銀、一等、三円五十銭。二等、二円五十銭。三等、一円五十銭。粁程《キロてい》、六十三粁。新潟出帆、午後二時。佐渡夷《さどえびす》着、午後四時四十五分の予定。速力、十五節《ノット》」

現在運航している「おけさ丸」は３代目で５８６２トンだから、太宰が乗船した船の10倍以上の大きさだ。その３代目「おけさ丸」で女性の転落事故があったのは２０１１（平成23）年８月のことだった。ひとりで乗船した60代の女性が転落死、一等船室に手荷物が残されていたという。事故か自死かは不明。

もう１艘の「ときわ丸」でも転落事故が起こっている。こちらは２０２２（令和４）年８月のことである。80代の女性が３階外側通路にカバンを残したまま行方不明となり、防犯カメラに自ら飛び込む姿が映っていたそうだ。いずれも８月というのが気になる。

*

佐渡へ何度も釣行している友人が、汽船から海へ身を投げる人影を目撃している。

こちらはもうだいぶ以前のことだというが、のんびりとイシダイかコブダイ（標準和名はカンダイ）でも釣ろうと気の合う仲間と出かけたのはやはり8月だった。

夕方の5時30分に新潟を出港する最終便に乗船できれば、10時には佐渡島の両津に着く。釣り具を満載した車を車両甲板に乗り入れて客室へ上がり、運転する相棒には悪いなと思ったがコンビニで買い込んだスナック菓子などをつまみにビールを飲み始めた。しばらく寝入って目が覚めると、外はもう真っ暗だった。

船は静かに上下に揺れるだけ。揺れで乗客が船室の端から端まで転げるような真冬の佐渡汽船を知る人間としては物足りないくらいだった。酔い覚ましを兼ねて、4階へ上がって船尾にあるデッキの椅子に座り、夏の穏やかな日本海を眺めることにした。手には缶ビールがもう1本。

夜の潮風を浴びながら飲むビールは格別だなと、ぼんやりと闇に吸い込まれていく航跡を眺めていると、さっきから後方の柵にもたれて海を眺めている人影が、ふいに柵を乗り越え消えてしまった。大急ぎでかけ寄ったがなにも見えない。人を呼ぼうとしたが周りには誰もいない。なんとかしなければと船内に戻ろうとしたときにつまずいて倒れ、額をどこかにぶつけてしまった。

「お客さん、大丈夫ですか？」

フラフラと起ち上がると、船はもう両津港に入るところだった。

「だいぶ酔ってらっしゃるみたいですが、部屋まで戻れますか？」

そう言われて自分が酔っていることに気づき、支えられながら部屋に戻って寝ぼけ眼の相棒と下船の支度を始めてから、やっと海へ落ちた人影のことを思い出した。

しかし、それが現実のことなのか、そんな気がしただけなのかわからなくなっていた。酔って助け起こされたという引け目もあって相棒にも言えず、誰かにそれとなく聞いてみることにした。

ちょうど助け起こしてくれた係員がいたので、お礼を言ってから自分が見たような気がする転落者の話をつけ加えたが、案の定、あまり真剣には受けとめてもらえなかった。

「わかりました。すぐに船内のカメラをチェックしてみます」と言われ、なにかあったときのためにあらためて連絡先を記入させられただけだった。最初は興味津々だった相棒も、「酔って夢でも見たんだろ？」と呆れ、急かされるように車輌甲板へ降りた。

その後も気になって携帯電話の着信履歴を調べたり、新聞やテレビのニュースを気にしてみたが、それらしいニュースはなかった。やはり幻覚だったのかもしれないなと思い始めた頃、佐渡汽船からの転落事故のニュースを知った。だが、それは自分が乗船した日にちとは大きく違っていた。

「でもさ、思い出すたびにそのときの映像が鮮明になるんだ。本当にただの幻覚だったのかな」

最近では振り向いたときの表情まで見えるのだという。

私は気休めのつもりで「ひょっとすると飛び込んだ人の亡霊かもね」と言ってみた。以前、身投げした人は死んでも永久にその体験をくり返すという話を聞いたことがあった。だとすれば、彼が見たのは身投げをくり返している幽霊だったのかもしれない。

ちなみに、太宰は『佐渡』にこうも書いている。

「謂わば死に神の手招きに吸い寄せられるように、私は何の理由もなく、佐渡にひかれた」

犬が吠える

犬を飼った経験のある人ならわかると思うが、いつもはおとなしい犬が急に激しく吠えることがある。たいていは相性の悪い犬と遭遇したとか、自分のテリトリーで見慣れない人や動物に出会った場合である。

以前の日本では、そうした習性を利用して犬をペットや猟犬ではなく、番犬として飼うのが一般的だった。江戸時代にはそれが村を守る手段としても使われていた。村では犬が放し飼いにされることが多く、犬たちは村人を主《あるじ》や仲間として認識し、子どもたちの遊び相手になり、老人たちの話し相手にもなったが、一番重要な役割は「外」から訪れる見知らぬものに対して吠え、村人たちに警戒心を呼びかけることだった。犬たちは村の番犬だったのだ。

外から村を訪れるのは「よそ者」であり、村が「客人」として迎え入れるかどうかをまだ決めていない未承認訪問者である。犬たちは外から訪れるのが人間であれ、動物であれ、妖怪であれ、魔物であれ、亡霊であれ、見逃すことはない。相手が危険だと感じればうなり声を上げて吠え続け、村人たちに危険を知らせる。

最近ではすっかりペット化してしまい、見知らぬ人にも愛想を振りまく犬が多くなったが、それでも犬が本来的に持っている未承認訪問者への警戒心は変わらない。とりわけ異界からの訪問者に対しては激しく反応するようだ。

＊

犬を散歩させる環境が整っているせいか、海岸沿いには犬を飼っている人が多い。三重県のとある海岸近くに暮らす犬好きの友人は、白毛の柴犬とミニチュア・シュナウザーの2匹を飼っているのだが、どちらも温厚な性格でめったに吠えることはないという。

自宅から海までは500メートルほど。海沿いを2キロほど歩いて戻ってくる合計5キロの散歩コースを朝夕2回、自分の運動も兼ねてよほどの悪天候でないかぎり欠かしたことはなかった。途中で相性の悪い犬に出遭うと吠えたりもするが、それ以外ではめったに吠えないし、ましてや人に吠えることなど皆無だった。

「誰が来てもシッポを振って迎えるくらいだから、番犬の役目はしないね」

そんな愛犬たちが、海岸を散歩しているときに、突然、海に向かって吠えだしたのである。リードを強く引いておかないと海へ突進しそうな勢いだった。なにに向かって吠えているのだろうと、手で太陽光をさえぎって海を見渡してみたが、なにも見えなかった。

強い力で引きずられるまま波打ち際まで進んだが、2匹は夢中になって吠えている。とにかく尋常ではない。吠えながらこちらを見上げたりもする。

「なぜわからないんだ、あれが見えないのか」と言いたげな表情である。そのうちに唸り声をあげ、口端からよだれすら垂らし始めた。怯えているのか尻尾は下がったまま、なおも唸り続け、吠え続けた。

散歩のときはいつもコンパクトカメラを持ち歩いていたので、犬たちが吠えている方向へレンズを向けて何枚か撮ってみた。なにかが見えたわけでもないので、手前には犬たちの姿を入れた。天気がいいわけでもなく、きれいな風景というわけでもない場所で写真を撮っているのが気恥ずかしくて、ことさら犬たちに声をかけながらシャッターを押した。

まだ必死に吠え続ける犬たちを引きずるように砂浜を上って道路まで戻ると、犬たちは急におとなしくなった。いつものように草むらの匂いを嗅ぎ、さっきまでのことはなかったかのようにじゃれ合っている。吠えも唸りもせず、海には見向きもしなくなった。

後日、カメラ屋で現像プリントされた写真を受け取ってチェックすると、5枚撮ったうちの4枚には犬たち以外になにも写っていなかった。まぶしい光を反射させている海に向かって、夢中で吠えている犬たちの後ろ姿がそこにはあるだけだった。それはそれでめったに撮らない写真なのでおもしろかったが、1枚だけ、犬たちの向こうに奇妙なものが写り込んでいたのである。

それは波打ち際に立つ影のようなものだった。太陽光と海からの反射光をさえぎるように、なにかが立っていたのである。形もはっきりとしない逆光のなかに浮かぶ影だが、少し腰を屈めて両手を広げた人影のようでもある。マントでも羽織っているように輪郭はぼやけ、足下と思しき2カ所の砂は凹んでいるようにも見える。ただ、その上に足の影はない。

犬たちは間違いなくそれに向かって吠えている。

写真は大事に取っておいたそうだが、数年たって引き出しから出してみると、影はすっかり薄れていて判別できず、ネガフィルムを再度プリントしても、もう写真に影らしきものは写っていなかったという。

下北半島

青森県の下北半島にはイタコの口寄せで知られる恐山《おそれ》があり、潮流の関係か水難事故の遺体が流れ着くという仏ヶ浦がある。恐山という山があるわけではなく「蓮華八葉《れんげはちよう》」と呼ばれる剣山《つるぎの》、地蔵山《じぞう》、鶏頭山《けいとう》、釜臥山《かまぶせ》、大尽山《おおづくし》、小尽山《こづくし》、北国山《ほっこく》、屏風山《びょうぶ》と、山に囲まれた盆地全体の地名として、そう呼ばれている。直径約4キロのカルデラの底に美しい宇曽利《うそり》湖がある。この宇曽利というのは凹みを意味するアイヌ語の「ウショロ」に由来し、ウショロがウソリになりオソレになったともいわれる。

宇曽利湖から流れる正津《しょうづ》川は「三途《さんず》の川」とも呼ばれ、橋を渡ると「地獄」と称される荒涼とした風景が広がり、地獄のほかに賽《さい》の河原や極楽もあり、訪れる者たちに死後の世界を疑似体験させる。

ちなみに「口寄せ」とは、霊を自分に憑依《ひょうい》させて思いを代弁する術のことで、死者の思いを知ろうという遺族が「イタコ」に口寄せを頼むために県内各所からやってくる。

私は青森生まれだが、幼い頃には近所に口寄せのできるおばあさんがいて、津軽海峡で起きた青函連絡船「洞爺丸《とうや》」の海難事故後は、遺族がたくさん訪ねてきたそうだ。津軽弁のイタコが多いので、県外の人には口寄せで語られる死者の言葉にも通訳が必要かもしれない。

＊

そんな下北半島への釣りには、北海道の仲間とフェリーで大間や大畑（以前は室蘭と大畑を結ぶフェリーがあった）から入り、斧《おの》の形をした半島の鋭利な刃の下端に当たる脇野沢まで車で南下することが多かった。津軽海峡に面する海岸線を南下すれば仏ヶ浦を通過、大畑からむつ市を抜けて陸奥《むつ》湾沿いに西進する場合は、恐山の横を通過しなければならない。

どちらも深夜に走ることが多く、恐山の近くを走っていたときは、恐山方向へ飛んでいく青白い光の玉を見たことがある。なぜか驚きも怖さもなく、「人魂《ひとだま》かもしれないな」と思いながら見送っただけだった。むしろヘッドライトのなかにいきなりシカが飛び出てきたときのほうがはるかに驚き、衝突するのではないかと恐怖も感じた。

西側の海岸沿いを南下する道路には、高い崖の上を通過する仏ヶ浦があって、このあたりを走るときは、ちょっとゾクゾクする話を思い出した。

仏ヶ浦の南側に、牛滝という小さな集落がある。周囲にはクロダイのポイントが点在していた。私が訪れたときは道路が舗装され、立派な漁港もあったが、昭和50年代に訪れた釣り人によれば、まさに「秘境」と呼ぶに相応《ふさわ》しく、道路は未整備、電気も通じておらずにランプの生活を続ける陸の孤島だったという。

それでもここは緯度的には津軽半島よりもさらに北。つまりここで釣れるクロダイは本州最北のクロダイということもあって、そんなロマンを求めて通う釣り人もいたようだ。

ただし、このエリアに専門の渡船はなく、釣り場へ向かうには漁船に頼んで渡してもらうか、背負子《しょいこ》に最小限の釣り具とエサを詰め込んで歩くしかない。その頃の牛滝に宿泊し、近辺の岩場を歩いていた釣り人たちは、さながら登山者のようだったに違いない。よほどの健脚でなければ釣りにならないのである。

当時、ひとりの釣り人がいつも向かう南側ではなく北側の磯を攻めてみようと思い立って、まだ暗いうちに宿を出た。北側を磯伝いに行くとあるのは仏ヶ浦である。足下をヘッドランプで照らしながら岩場を歩いていると、20メートルほど先に先行者がいるのに気がついた。

「やっぱり釣り師が考えることは一緒だな」

仏ヶ浦には水難遺体が流れ着くという話から、そこでの釣りを敬遠する釣り人が多く、ならばきっと場荒れしていないだろうという読みである。薄闇の向こうからけスパイクで岩を歩く音が聞こえてくる。ヘッドランプを向けると背負子を担いだ後ろ姿が見えた。

それにしても、どこの宿に泊まっていたのだろう。牛滝で釣り人が泊まる宿は決まっているが、昨夜は自分ひとりだった。地元の人間か夜中に到着したかと思いながらなおも歩いていると、今度は後ろからもスパイクで歩く音が近づいてきた。

そんなに釣り人がいるはずがない。ふっと寒気がして振り向くと音は消えた。ヘッドランプを向けても誰もいない。気のせいだろうか。先行者は相変わらず同じペースで歩いているようだ。

薄明るくなってもスパイクの音は続いた。どこまで行くつもりだろうと思いつつ歩いていたが、目的の岩場が近づいても音はやまなかった。おかしい。その岩場は牛滝から歩いていけるどん詰まりのはずだ。そこから先はない。それなのにスパイクの音は同じリズムで岩をかきむしるように踏みしめているのだ。目を上げても自分の前に先行者の姿はない。姿はないのに、スパイクの音だけが岩の向こう側へと続いている。

そんなはずはないと、背負子を下ろして目指す岩場へ急いでみたが、そこには誰もいなかった。誰もいないのにスパイクの音だけはまだ響いていたという。

さすがに怖くなって戻ったそうだが、後ろからスパイクの音が追いかけてくるような幻聴に襲われて生きた心地がせず、振り返るのも怖く、かといって振り返らないのも怖く、自分の足音に気持ちを集中させて、ただひたすら足下だけを見ながら歩き続けたそうだ。

浴衣姿の幽霊女

静岡県の伊豆半島を目指す釣り人の間で噂になっていたのが、深夜に海沿いの道路を横切る浴衣《ゆかた》姿の女の幽霊だった。ときには車を追いかけてくることもあるのだという。目撃した釣り人は数人ではない。私が知るだけでも数十人を超えている。

こんな時代に幽霊なんて。そう思っていた矢先、知人が「やっとあの幽霊女の正体がわかりました」と電話で報告してくれたのだが、「あれは幽霊でもなかったし、そもそも女でもなかったんですよ」と、ちょっと拍子抜けする意外な展開だった。

情報によれば、認知症を患った長髪のおじいさんが夜中に裸足で徘徊していたらしいとのこと。昔は女形の役者だったとか、新宿のゲイバーにいたらしいとか、精神病棟から抜け出してきたらしいとか、例によってさまざまな尾ヒレがついた。真偽のほどはわからないが、幽霊でも女性でもなかったというのは事実である。情報を教えてくれた知人曰く「幽霊話なんてそんなものでしょ。轢《ひ》かれなくてよかったと思います。幽霊より怖いのはいきなり出てくるイノシシです。先日、仲間がぶつかって車が壊れたそうです」。イノシシも即死だったそうだ。

そういえば、東北へ釣行したときは目の前にシカがよく飛び出してきた。北海道はエゾジカやヒグマが飛び出してくる。どちらも大型動物なのでぶつかるとただではすまないし、念仏もお祓いも盛り塩も通用しない。

不運な日

　東京湾に流れ込む多摩川の河口付近で、キビレを狙っていた釣友の話である。

　キビレはクロダイの仲間だが汽水域を主なテリトリーとしていて、その名の通り腹ビレ、尻ビレ、尾ビレが鮮やかな黄色に染められ、ウロコがメタリックなホワイトシルバーというのが特徴である。まるでステンレスかアルミのようなウロコに覆われた魚体、鋭く長い剣のような背ビレは近未来のロボフィッシュにも見える。釣友が得意とするのはエビを模したフライ（海老フライ？）を使い、フライフィッシングで狙うスタイルだ。

　その日は反応が鈍くて少し早めに岸に戻ったのだが、そこで常連ふたり組と遭遇した。

「釣れましたか？」

「いや、全然ダメだったね」

「こちらもまったくダメでした」

「とにかく、今日は本当にダメダメな日みたいで……」

と話し始めた内容が驚きだった。

暗いうちからいつもの釣り場に入って川岸に立ち込み、フライロッドを振っていたという。朝早かったせいもあってか急にもよおして岸に上がり、原っぱの隅へ小走りでかけ寄って用を足しながらホッとしたところで、なにやら気配を感じたそうだ。

別にのぞかれて困るわけではないが、用足し中である。失敬なヤツだなと思いつつ気配がしたほうを振り向くと、そこには何本かの木が立っていて、横に伸びた枝越しになにかが見えた。それが人の足だと気づくまでにそれほど時間はかからなかった。

だらりと垂れ下がった両足が風に揺れていたのだ。用足しもそこそこに携帯電話で警察に連絡を入れると、「絶対にその場を離れないでください」とのことで、ぶら下がった足の近くで警察の到着を待つ羽目になった。第一発見者ということで細かな事情聴取を受け、せっかくこれからが勝負だという朝まずめのゴールデンタイムが、散々なことになってしまった。

話はそれだけで終わらず、昼近くなってから釣りをしていた対岸にも死体が漂着したそうで、パトカーがサイレンを鳴らしながら走り回り、警官があわただしく動き回っているのが見えたという。

「人が死にたくなる日なんですかね」

「死体を見つけると大漁だっていいますよ」

「それは土左衛門（溺死体）の話でしょ。ボクが見つけたのは首吊り死体でしたから」などと言い合って別れたのだが、用を足していると今も背後や木の陰が気になってしかたがないという。

第2章

水のなかから

スクリューに絡んだもの

対馬《つしま》は国境の島だ。古くは「防人《さきもり》の島」とも呼ばれ、対馬海流に囲まれているため、昔から朝鮮半島で大きな海戦や海難事故があると、水死体が流れ着く場所がいくつかあるそうだ。対馬を旅したときにはそういう場所での怪異も耳にしたが、港で年老いた漁師が語った話が今も頭に残っている。

日本列島と大陸は更新世（氷河期）中期まで陸続きだったが、更新世の終わり頃には海進によって次第に離れ、対馬や壱岐《いき》は飛び石のように海へ取り残され、隆起と沈降をくり返して現在の姿になったとされている。島中央部の丘陵が沈降してできた浅茅《あそう》湾は天然の港となり、真珠やブリの養殖も盛んである。

入江とはいえ、外海と外海をつなぐ水道にもなっているので水深がある。仁位《にい》浅茅湾、濃部《のぶ》浅茅湾、洲藻《すも》浦などの支湾があり、支湾は佐保《さほ》浦、和板《わいた》浦、和田浦などさらに多くの支湾を抱えており、なかには最深部が１００メートル近い場所もある。

干満差も大きく、大潮では満潮時と干潮時の海面差が3メートル以上になるほどで、当然、潮の流れも速い。ただ水平線の見えない湾は波立つことはなく、海面が音もなく満ち干《ひ》をくり返すだけである。

そんな深い入江の奥にある、小さな漁港へ戻ろうと船を走らせている夕方だった。いつものように海面はさざ波ひとつなく、磨き上げた鏡のようだったという。鏡には入江を縁取る木々が影を落とし、木々の上には夕暮れの赤い空が映し出されていた。

ところが、ふいになんの前ぶれもなく船が進まなくなった。艫《とも》（船尾）を振り返ると、スクリューはちゃんと水をかき回して水泡が立っている。海面を見回しても急に流れが速くなった気配はないし、湾内の逆潮くらいで船が動かなくなった経験もない。

スクリューにロープか漁網でも絡んだのだろうか。

エンジンを切らずに艫まで移動して海をのぞき込んでみた。夕暮れの海面には夜の気配を抱えた藍色の空と黄色い残照、そして夕焼けの燃え残りのような赤みが滲んでいて、スクリューが空しく海水をかき回していた。

その白泡のなかに一瞬、無数の手のようなものが見えた。漁師は背筋がゾクッとして顔を上げ、帆をたたんだスパンカー（艤装《ぎそう》のひとつ）を支えに起ち上がって、おそるおそるもう一度船尾をのぞき込んだ。すると、そこには白泡のなかでねじれながら、まるでのた打つように回転する南京袋の切れ端が見えた。漁師はすぐにエンジンを切り、片手で南京袋の切れ端をたぐり上げ、もう片方の手に握ったナイフで切り裂いた。

その作業をしている間も背筋には悪寒が走り、ナイフで切り刻んでいるのが人間の手ではないかという妄想が頭をかすめ、揺らめく南京袋の下から髪の毛が湧いてくるような感じすらした。とにかく夢中で作業をすませ、大急ぎでエンジンをかけ直した。

後ろを振り向くと、切り刻まれた悲鳴のような南京袋が薄暗い海面を流れていくのが見え、同時に船は推進力を取り戻した。漁師はその場から逃げるように夕暮れの入江を全速で港へ急いだ。

ただ、あのくらいの南京袋の切れ端が絡んだくらいで船がまったく進まなくなったのが不思議だった。思い出すと濡れたいくつもの指先が手足に絡みついてくるような感じがして、今でも寒気がするという。

海から来る女

釣りは堤防や磯のギリギリに立って海へ向かい、竿先や海面のウキに神経を集中してしまうので背後は無防備である。いきなり背中を押されたら踏ん張ることもできない。そういう怖さを感じたら夜釣りはできないだろう。

振り向いたときになにかがサッと姿を隠したという話も多く、それが猫なのか、たまに姿を見せるイタチやタヌキなのか、それとも得体の知れないなにかなのかは、正体を見たというケースが少ないだけにわからない。しかし、なかには「得体の知れないなにか」ではなく、正面からはっきりとその姿を見てしまった釣り人もいる。

＊

これは釣友が地元の釣り具店で聞いた話だ。

若いルアーマンが海岸道路からすぐのところにある石積み堤へ、買ったばかりのタックルを手にやってきた。その石積み堤は東西に長く延び、東側はサーファーに人気のある砂浜、西側は大きな川の河口に面していて、クロダイやスズキが釣れる場所だった。

彼がやってきたのは夕まずめだったが、西端からスズキ狙いで河口に向かってキャストをくり返しているうちに、あたりは真っ暗になっていた。やがて、それまでまったく反応がなかったルアーがなにかの重みをキャッチ。釣り人はグッと竿を立ててアワセを入れ、夢中でリールのハンドルを巻きながら暗い海面に眼をこらした。

すると、髪の長い女性が青白い顔を海面から出してこちらに近づいてきたのだという。若い釣り人はあとずさりして、釣り竿を放り投げ、足場の悪い石積み堤を走り、やっと明かりのある道路まで逃げてから友人に電話をした。電話をしながらもさっきの女性が追いかけてこないか不安で、何度もあたりを見回しながら助けを呼んだ。友人がかけつけるまで、釣り人は近くの自販機で購入した缶コーヒーを飲みながら気持ちを落ち着かせたが、あらためて思い返すとなんとなく気のせいだったような気もしてきた。

月もなく暗かったわりに顔がはっきり見えたのが不思議だし、少し離れていたとはいえ、ほかの釣り人たちが誰も驚かなかったのも奇妙だ。そうなると買ったばかりの竿やリールを放り出したのがもったいなく思えてきた。安い買い物ではなかった。運悪く自分の投げたルアーにあの女性が引っかかったのだとしても、道糸を切って逃げればすむ話ではないか。

いろいろな仮定や想像をめぐらしているうちに友人がやってきた。話を聞いて「オレが釣り具を取ってきてやるから待ってな」と、その友人はヘッドランプを受け取ると小走りに石積み堤へ向かった。若い釣り人はあれは自分の幻覚だったに違いないと思い、道具を手にした友人が笑いながら戻ってくるのを確信していたという。

「おまえは怖がりだな」と笑われたらどう返答しようか考えていると、友人が血相を変えて暗闇の奥から走ってきた。手にはなにも持っていなかった。それどころか「まだ、いた！」と叫んだまま目の前を通過していった。

若い釣り人は石積み堤のほうからあの女性が追いかけてくる気がして、友人のあとを追って逃げ出した。背後には髪の長い青ざめた女性の顔が迫り、その頬には自分がキャストしたオレンジ色のルアーがぶら下がっているようで、夢中で光のあるほうへ走った。釣友が聞いたのはそこまでである。その後のことはわからない。

＊

その話を聞いて、以前に静岡県沼津の漁港でも同じような話があったことを思い出した。月のない新月の夜、漁港にある堤防から釣りをしていたら急に海面がざわついて髪の長い女性が海面から顔を出し、上半身を出して近づいてきたのだという。気配もなにもなしに突然、異様な姿を現すというパターンも同じだ。そのときは周りにいた数人の釣り人も、その女性を目撃したそうだ。

その漁港では、以前にも不思議な現象が起きていた。UFOの目撃談や寂しげな女性の声が聞こえたという話、人魂を見た、幽霊らしきものを見たという人までいた。

実はそれらの奇妙なできごとが起こる少し前に、近くの海で若い女性の入水自殺があり、釣り人が投げた仕掛けに遺体が引っかかるという「事件」があったらしい。そんな現実のできごとが、そこを訪れる釣り人の心理になんらかの作用を及ぼしたのかもしれない。あえてそういう漁港へ夜釣りに出かけるわけだから、心のどこかに「怖いもの見たさ」の野次馬心理が潜んでいたとしても不思議はない。

入水自殺。若い女性。闇夜。波音。暗闇の奥から糸や竿先を通して伝わる重み。異界へと続く通路としては申し分ない環境である。

さまざまな妄想や幻覚が行き来し、それらはいつのまにか噂話として伝承され、一種の「共同幻覚」を生み出したと考えることもできる。そんな「共同幻覚」のキーステーションとなるのが釣り具店だ。釣り具店には多くの釣り人が訪れる。釣り人たちは釣り場の情報交換をしたあと、それぞれが見聞きした不思議な話を雑談のなかで披露する。何度もくり返されるうちに話には奇妙な尾ヒレがつき、それを聞いていた店主がさらに奇怪なウロコをまとわせてしまう。

ただ、そういう話が事実かどうかは確かめようもないために、それこそ「信じるか信じないかはあなた次第」ということになる。客観的には否定もできなければ肯定もできないし、最初に幻覚を見た人間にとっては、その「幻覚」もまた現実だったのではなかろうか。

海草のなかの顔

島根県沖に浮かぶ隠岐《おき》諸島は古くから遠流《おんる》の島とされ、後鳥羽上皇や後醍醐天皇が島流しになったことでも有名だ。諸島は島後水道《どうご》を挟んで「島前《どうぜん》」と「島後」に分けられ、島前は知夫里《ちぶり》島、中ノ島、西ノ島から構成される群島なのに対し、島後は隠岐の島一島である。

歴史は古く、『古事記』にも記載があり、神話「因幡《いなば》の白兎」にも登場する。また『怪談』などを書いたラフカディオ・ハーン（小泉八雲）は、1892（明治25）年に後鳥羽上皇も流された中ノ島（海士町《あま》）を訪れ、その美しさを『知られざる日本の面影』にこう記している。

「風景は島々に分け入るにしたがって、ますます美しくなった」

鋼鉄の板を敷いたような海面が鏡のように崖を映している菱浦の海にハーンは感激し、いつかここに家を持ちたいとさえ思うようになった。東京を離れたくなかった妻セツに反対されて願いはかなわなかったが、その強い思いは、セツと一緒にベンチに座る銅像となって今も残っている。

私は釣り雑誌の取材で中ノ島に滞在したが、そのときは米子《よなご》空港から境港へバス移動して、『隠岐汽船で中ノ島の菱浦までの船旅を堪能、菱浦からは迎えの渡船で海士町の宿へたどり着いた。

境港は『ゲゲゲの鬼太郎』などを描いた妖怪漫画の第一人者である水木しげるの故郷でもあり、境港に設定された「水木しげるロード」は177体の妖怪ブロンズ像で構成され、現在は隠岐にも数体展示されているという。

『怪談』を書いたハーンといい、妖怪漫画を描いた水木しげるといい、この界隈はどうも異界との深いつながりがあるらしい。

＊

3つの島に囲まれた島前の内浦は波静かな天然の風待ち港になっており、菱浦をはじめとする入江には冬から春になると巨大な海草が繁茂する。クロダイを求めて渡船で入江を右往左往したが、どの釣り場も海草に取り囲まれ、クロダイは海草の切れ目で食ってきた。もちろん、海草に逃げ込まれることも少なくなかった。釣りづらいのだけれど、その海草がクロダイを呼び込み、クロダイの警戒心を解きほぐすらしい。

これはたまたま港で出会った漁師から聞いた話である。漁師とはいっても、入江を利用した養殖業を中心とした養殖漁業者である。魚の養殖も行うが、隠岐で有名なのは「岩ガキ」の養殖だ。

養殖のための生け簀《いす》やカキ棚は何本ものロープで岸の岩や松の木などにつなぎ止められているが、そのロープにも大量の海草が絡みつくため、定期的に藻刈《もか》りを行うそうだ。

その漁師が船外機船を操りながら、ロープに絡みついた海草を鎌で刈り取っていたときのことである。なにやら白いものが海草のなかで揺らめいているのが見えた。大きなビニールでも流れ込んだのかと思い、顔を海面ギリギリに近づけてのぞき込んだ漁師が見たのは、青白い女性の顔だった。目を大きく見ひらいたまま顔をこちらへ向けてジッと見ていたという。

驚いて上半身を起こしたために船が大きく揺れ、危うく海へ落ちそうになった。

事件か事故かはわからないが、大急ぎで警察に連絡しなければとエンジンをかけようと揺れる船の上を移動しながら、もう一度、女性の死体があったあたりを見ると、たしかにあった白いものがない。

脳裡にはこちらを見ている女性の顔がくっきりと刻まれている。顔の周りに漂う黒髪、だらりと斜めに下がった腕、白い服に包まれた体、少しだけ開いたままの口、そういった細部まで思い描くことができる。見間違えたはずはない。おそるおそるさっきと同じように海面に顔を近づけて海草の下をのぞき見たが、女性の死体どころか白いビニールも見当たらなかった。

自分はいったいなにを見てしまったのだろうと思いつつ、空恐ろしくなって震える手でエンジンをかけ、一刻も早くその場を離れようと船を走らせた。

「あのとき以来、海草の下をのぞき込むのが怖くなった」そうだ。

漁師が「見た」のがなんだったのかはわからないし、本当になにかがいたのかもわからない。気になってテレビや新聞のニュースをチェックしても、それらしい事件も事故も報道されなかったという。

のぞき込むという行為をするのはなにかの気配を感じるからであり、何者かが自分の存在を「見てほしい」「見つけてほしい」と願って、手招きするのかもしれない。だが、なかには見られたことで満足し、その場から消え去ってしまうものもいるのだろうか。

水のなかは、地上とはまるで違うルールで動いている「異界」である。異界をのぞき見たいという欲求は昔からあって、人間は科学の力を借りて異界への扉を開いてきたが、開いた扉の隙間からいろいろなものたちがすり抜けてきたとも考えられるし、チラリとのぞき見た異界が素晴らしい世界だとも限らないのである。

水門

のぞき見るといえば、私自身にも忘れられない体験がある。

子どもの頃は青森の海沿いに住んでいた。小学校の横を川が流れ、川が海へと注ぐ河口周辺は子どもたちにとって絶好の遊び場となっていた。当時は林業が盛んで河口周辺には貯木場があり、はがされた木の皮が岸辺にうずたかく積みあげられていた。海水混じりの汽水には、皮をはがれた丸太ん棒がびっしりと並んでいた。

丸太ん棒の上で遊んでいて落水すると、浮き上がろうとしても顔を出せる隙間はない。

「だから、絶対に丸太ん棒の上に乗っちゃダメ」

「あそこで遊んじゃダメ」

「子どもが何人も死んでいるんだから」

実際に死亡事故があったかどうかはわからないが、危険を注意しようとするとき、大人はそういった話をしたがる。河童《かっぱ》に引き込まれるといった話も同じだろう。それは「川の淵で泳いじゃダメ」という忠告なのである。

しかし、子どもはそういう「危険な場所」に引き寄せられる。「ダメ」と言われた場所ほど魅力的に感じるものだ。当然、私も親には内緒で近くの川やその河口域へ足しげく通った。河口ではハゼを釣って遊んだ。エサにするゴカイは河口付近の砂泥から採取するのが常道だった。採取したゴカイは空き缶に入れておく。ハゼ釣りなら竿も糸も要らない。拾った針金の先端を曲げて、コンクリートにこすりつけて尖らせればＯＫだ。曲げた部分にゴカイを通し刺しにすれば準備は完了である。

あとは護岸に腹這いになって、護岸を支えるコンクリートの柱に張りついてジッとしているハゼの口元に針金をのばし、パクッと食いついた瞬間に引き上げるだけだ。そんな原始的な方法でいくらでも釣れた。

＊

夏休みの終わり頃だった。その日も午後からハゼ釣りだ。アブラゼミの声がうるさいほどで、海を眺めると水平線の向こうに入道雲が湧き立っていた。入道雲は河口の川面にも映っていて、背後の貯木場では作業員が忙《せわ》しなく働いていた。

ゴカイを１匹丸ごとしごき上げるように刺し、ポイントをのぞき込んでハゼを探す。あまり深いところにいるのはパスして、なるべく水面近くにいるヤツを狙う。釣ったハゼは用意したバケツに放り込む。

その日は3人で出かけたが、いつのまにかバラバラになってしまった。遠くで腹這いになっている仲間が見える。河口へ目を向けると、貯木場へつながっている水門が目に入った。危険だから近づくなと言われている場所だった。仲間うちでもそこに近づく者はいなかった。

仲間が遠くにいるのを確かめてから、姿勢を低くして水門の角へ移動した。期待と不安でドキドキである。のぞき込むとハゼが張りついているのが見えた。水門の外側に腹這いになって5匹ほど釣り上げた。水門の内側は外側にくらべて薄暗かった。のぞき込んでも柱が見えない。丸太ん棒を出し入れするために、柱は奥に引っ込んでいるようだった。どうにかその柱をのぞき込もうと、お腹付近まで乗り出したときだった。

古びたコンクリートの柱の隙間から、子どもの顔が浮かび上がってきたのである。あわてて上体をのけぞらせようとしてバランスを崩し、落ちそうになった私の両足を誰かが押さえつけてくれた。

「内緒でやるのはズルイぞ」

振り向くと、さっきまで離れた場所にいたはずの仲間が足首を押さえて笑っていた。

「釣れたか？」

「ここはあんまり釣れない。外側のほうが釣れるよ」

なぜか今見た顔のことは口にできなかった。

仲間は外側で腹這いになって少しだけハゼを釣ったが、「思ったほどいないな」と言いながら戻っていった。

私もひとりになるのが怖くなり、急いであとを追った。あの顔が這い上がってくるのではないかと何度も振り返ったが、水門は静かに門を閉ざしたままだった。

あのとき見た顔がなんだったのか、子どもだった私にはわからなかったし、今もわからないままだ。自分の顔が水面に映ったのかもしれないが、たしかに柱の隙間から浮き上がってくるように見えたし、子どもの顔ではあったが自分の顔とは違う気がした。水面に揺れる自分の顔の、もっと下から浮き上がってきたのだ。その記憶は60年近くたった今も変わらない。

テトラポッドの奥

広場に置かれた大きな土管の上で遊んでいて、落ちたことがある。もちろん子どもの頃だ。頭をしたたか打って一瞬だけ気を失ったが、大きなコブを作った程度ですんだ。ただ、そのときの記憶がトラウマになったせいか、大人になってからも丸くて滑りやすい足場が苦手である。

釣りをするようになってからは、漁港にある堤防に積みあげられたテトラポッドから竿を出すこともあったが、実をいうと怖くてしかたがなかった。私自身、一度だけ足を滑らせて落ちた経験がある。そのときは奇跡的に次の波で体が持ち上げられ、低いところにあったテトラポッドの先端にヒョイと立つことができた。

それは今考えても「あり得ない」ことだが、私はなにごともなかったような顔をしてテトラポッド伝いに堤防へ戻り、そのまま道具をしまって家に帰った。濡れた服をこっそり隠して風呂に入り、布団《ふとん》で大の字になってから体が震えた。

＊

テトラポッドから落ちた人を見かけたのは2回ある。そのうちの1回は自宅から自転車で通い詰めていた漁港でのできごとだった。しかも、落ちたのは釣りを教えてくれた最初の師匠ともいうべきおじいさんである。

いきなり竿を持ったままテトラポッドの隙間に消え、あわててのぞき込むと折れた竿を手にして体を突っ張っていた。運よくその隙間で止まっていたのだが、数人で手を貸して引き上げると額や手から血を流していた。本人は照れ隠しからか、「油断した。かすり傷だから大丈夫」と笑っていたが、きっとあちらこちらに打撲や擦り傷があったと思う。

そのおじいさんとは、よく漁港近くのマクドナルドでコーヒーを飲みながら話をした。聞けばテトラポッドから落ちたのは一度や二度ではないらしい。「テトラはスパイクが利かないから危ないんだよ」と、自分のことは棚に上げてアドバイスしてくれたりしたが、一度だけとんでもなく怖い思いをしたという。

＊

初夏の頃。夜明け前から漁港へ出かけてテトラポッドで釣りをしているとき、足を滑らせて落ちたそうだ。先端の低い場所で、落ちた先も海だったため大きなケガはしなかった。ライフジャケットも身につけていたので、なんとか海面に顔を出すことができた。

テトラポッドから落水して怖いのは、打ちつける波で狭いテトラポッドの隙間に吸い込まれることだ。隙間に体を押し込まれてしまうと浮き上がる場所がない。いったん吸い込まれると次から次に押し寄せる波で出られなくなり、積み重なったテトラポッドの奥へ奥へと押し込まれ、そのうちに息が続かなくなって溺死する。想像しただけで呼吸が苦しくなる死にかただ。

体は浮いているが、波に巻き込まれたらどうなるかわからない。そう思って、テトラポッドに近づきすぎないように足で蹴りながら、堤防の先端に向かって少しずつ移動していったが、寄せる波でテトラポッドに近づきすぎ、さらには蹴ろうとしたタイミングが合わずに滑ってしまった。

そのとき、テトラポッドの奥に誰かがいるような気がした。

もちろん、そんなところに誰もいるわけがない。いるわけはないのだが、こちらを見ている顔や手招きするような姿が見えた。怖ろしかったが、「ここであわてるとアイツの望み通りになってしまう」と思い、冷静になって胸元にあったテトラポッドを両手で押しやり、さらに足で蹴って吸い込まれるのを防いだ。

なんとか先端へ回り込んだあとは、沖からの波に乗るように岸寄りへ流されていった。そのうちに落水に気づいた釣り人や漁師たちが集まり、ロープを投げてくれ、それにつかまって堤防の内側へ誘導され、堤防の上に引き上げてもらった。「道具はぜんぶ無事だったよ」と、釣り仲間がテトラポッドの上から回収してくれた。

「オレの見たのはたぶん幻覚だったんだろう。テトラの暗闇が怖くて、そういうものが見えたのかもしれない。あそこで人が死んだ話は聞かないからな」

私は極力テトラポッドには乗らないことにしていたが、改修工事が行われて外側全面にテトラポッドが入れられてからは、その漁港自体から足が遠のいてしまった。

*

テトラポッドの奥になにかが見えたという話は、ほかにも聞いたことがある。静岡県の伊豆半島や沼津でも、あるいは北海道の函館でも、釣り人や港湾作業員から似たような話を聞いた。函館は洞爺丸の海難事故があったことも影響しているのだろう。テトラポッドは魚たちにとって格好の住処《すみか》だが、水死した霊たちにとっても格好の住処なのかもしれない。

神奈川県の湘南江ノ島は、前の東京オリンピックで埋め立てられたスペースを護るように長大な堤防が築かれているが、その堤防は巨大なテトラポッドで保護されている。海面からの高さもあり観光名所でもあるせいか、以前はそこから身投げする人が少なからずいて、堤防上に花束が置かれていたりした。

私の釣り仲間は岩場からうつ伏せに浮いている女性の水死体を見つけ、かけつけた警察官に了承をもらい、釣りの仕掛けを投げて引っかけ、遺体収容を手伝ったことがある。「そのままにしておくと流されるし、沈むかもしれないから」とはいえ、なかなかできることではない。そのときも、堤防の上にはハイヒールがきちんと並べて置かれていたそうだ。テトラポッドの上で遊んでいて落ちた事故もあったし、釣り人の事故もあったため、その後は立入禁止になっている。

同じ湘南エリアの大磯港の西側に積みあげられたテトラポッドは、当時日本一大きいと言われていて、そこでも事故や自殺が相次いだため、だいぶ以前から立入禁止になっている。港内や隣接する砂浜は夜釣りも盛んな場所だが、昔は幽霊話も聞いたことがある。テトラポッドの近くは魚影も濃いが、そんな幽霊たちの出没回数も多かった。テトラポッドが積み重なった奥のひんやりとした薄暗い隙間は、やはり居心地がいいのかもしれない。

足首に残った痣

川では河童に足を引っ張られたという話が多い。なかでも水が淀んで水深のある淵には、たいてい「河童伝説」が棲《す》みついている。人間は本能的に深い場所、濁った場所、底の見えない場所を怖がるようだ。

もちろん、海にもそういった場所は数多くある。急に深くなっている場所は、返し波が深みへ潜り込むために引き込まれやすい。英語ではドロップオフ、日本語にすれば落ち込みであるが、地形的には急斜面や断崖。釣りでは魚目線でカケアガリ（駆け上がり）と呼ぶ。魚がいる層へエサも深く潜り込むことからポイントの目安となるが、沿岸部では海難事故も発生しやすい。

落ち込みは砂浜にもある。傾斜はリーフや磯ほどではないが、潮流に運ばれる砂が意外な落差を形成することがある。「泳いでいて誰かに足を引っ張られた」などというのは、こうした落ち込みでの潜り潮（潜り込む流れ）が原因で、そういう場所は「遊泳禁止」になっていることが多い。

*

ただ、こんな話もある。

遊泳禁止区域でもない海水浴場で、しかも波打ち際を泳いでいて溺れかけたというのだ。泳ぎは達者で、学生時代は水泳部に所属していたほど。足が攣《つ》ったとか体調に異変があったわけでもない。海水温はやや低めだったものの、いつもと違う潮流が入り込んでいたということでもなかった。

いつものように準備運動をしてから海に入り、ゆっくりと沖を目指して泳ぎ始め、50メートルほどでUターンして戻ろうとしたときだった。いきなり足首をつかまれて引っ張られたというのだ。

最初は友人がこっそりあとを追ってきてイタズラしたのだろうと思ったが、それにしてはしつこすぎる。引っ張られたのが右足だったので、左足で蹴って払いのけようとしたのだが、足は水をかくばかりだった。海草が絡みついたわけでもない。

さらに右の足首には明らかに握られている感触があった。そこでパニックになったそうだ。パニックになって両手で水をかき、どうにか浮かび上がろうとしたとき、今度は左の足首もつかまれた。顔が海中に沈んで息をできなくなった。酸素の消費量を抑えようともがくのをやめたが、体は浮くどころかスーッと深みへ引き込まれていった。

「誰かに両足首を持たれている感触があって、小さくならなんとか動かせたけど、大きく動かすことはできなかった」

何度か意識が遠のきかけ、このままではダメだと両手を大きく広げ、思いきり水をかいたとき、右手がなにかに触れた。なんなのか確かめる余裕もなく必死でつかみ、すぐに左手も添えるとそれはロープだった。しかも切れた浮遊ロープではなく、たしかな張りと抵抗があった。

夢中でロープをたぐると、海面に顔を出すことができた。かなり深いところまで引き込まれた印象だったが、それほど深く沈んでいたわけではなかったようだ。見るとすぐ横にオレンジ色のブイが浮いていた。ロープはそのブイを固定するためのものだったらしい。

ブイに抱きついて息を整えているうちに今しがたの記憶が甦り、怖ろしくなって足を動かしてみた。両足は自由に動かせた。なにかにつかまれている感触もない。大きく深呼吸して周囲を見回すと、そこにはいつもの見慣れた海岸の景色があった。さっきまでは聞こえなかった波の音、カモメの鳴き声、砂浜ではしゃぐ海水浴客の声が耳に入ってきた。まるで白日夢を見ていたような気分だった。

気持ちも落ち着いたのでそっと足を持ち上げると、足首に指の痕のような痣《あざ》が見えた。さっきのことは幻覚でも夢でもなかったのだ。誰かが「びっくりした？」と声をかけてくれるのを期待したけれど、周囲を見渡しても近くには誰もいなかった。

じわじわと足先から恐怖が這い上がってくるような気がして、しばらくはブイから手を放せなくなったという。手を放して泳ぎだしたとたん、また足首をつかまれそうで、両足を見える位置まで浮かせてブイにしがみついていたという。

そのうちに異変に気づいた友人が監視員に声をかけ、ライフセーバーがレスキューボードで「救助」に来てくれた。

「元水泳部のおまえが救助されるなんてなぁ」と友人たちに呆れられながらも、自力で戻ろうとしなくてよかったと胸をなで下ろした。

「これ、なんだ？」

友人が足首を見て声を上げた。

「タコかなんかに絡みつかれたか？」

上半身を起こして自分の足首を見ると、そこには小さな痣のようなものがいくつか残っていたが、もう指の形には見えなかった。実際にタコだったのかもしれないと自分を納得させようとしたが、あのとき両足首に感じた手の感触は今も忘れられないという。

足を払ったのは

水のなかだけならまだしも、ときにはサーフボードの上で足を引っ張られたという例もある。

海水浴シーズンも終わって海辺が静寂を取り戻した頃。あるサーファーがいつものように「出勤前のひと乗り」を楽しもうと、自転車にボードを積んで夜明け前の海岸へ急いだ。公衆トイレの前に自転車を置き、家から着てきたドライスーツのまま砂浜を歩いて波打ち際へ出た。暗かった空は青みを増していたが、空にはまだ月が浮かんでいた。前日は海からの風が吹いていたため、今朝は吹き戻しのオフショアになると期待したが、夜明けが近づくと風は弱くなってしまい、サーフィンには物足りない波が静かに打ち寄せているだけだった。サーフィン用語でいうところの「ひざ・もも」くらいだったという。

たっぷりと時間をかけて準備運動をすませ、しばらく波の状態を確かめてから、「それじゃ、朝のひとっ風呂を浴びてきますか」と自嘲気味につぶやいて海に入った。ゆっくり体に海水を染みこませてからボードに乗り、ゆるやかな波の上下動を味わうようにパドリングを始める。

乗りたいと思うほどの波はなかなか来なかった。それでも何度かテイクオフ（波をつかまえてボードに立つこと）にこぎ着けた。ボードに立ったときに左足を前に出すスタイルをレギュラースタンス、右足を前に出すスタイルをグーフィースタンスと呼ぶが、そのサーファーはレギュラースタンスである。

4度目のテイクオフに入ろうと腰を浮かせたときだった。いきなり右足首をなにかに払われた。ライディング中に落下することをワイプオフというが、重い人間が先に落水してからボードが落下すると大ケガになりやすい。フィンで肩や腕を切ったり、浮き上がったときにボードのノーズ（先端）が頭に落ちてくるケースもある。途中でボードをコントロールできなくなったときは、飛び込むようにしてできるだけボードから離れた場所に落水するのが基本だ。

このときはなんとか両手でレール（ボードの側面）をつかんでバランスを整え、テイクオフを途中であきらめたが、なにが右足にぶつかったのかまったくわからなかった。感触としては誰かの手が意図的に足を狙って払ったような気もした。だが、そんな危険なことをするヤツはいない。足が滑っただけなのだろうか。それはあり得ない。あれはたしかになにかが意図的に足を払った感じだった。

気を取り直して再び沖へ向かうと、ちょうどいくつかの波が重なり合って大きくなった波が見えた。周りを見まわしたがその波を狙える位置にはサーファーはいない。ピークに合わせようと、パドリングしながら体勢を整えたときだった。

今度はテールの外に出ていた両足首を、あきらかに誰かの手がつかんで引っ張ったのである。あわててレールをつかんで耐えながら振り向いたが、誰もいないし、なにも見えない。足をばたつかせるとちゃんと動く。

さすがにちょっと怖くなって、砂浜へ戻ることにした。砂浜に上がって大の字になってからも、足首を誰かにつかまれているようでなんとなく薄気味悪い。何度も足の裏で足首をさすって手の感触を払いのけようとした。

後日、仲間にそのときの話をすると、「たまにあるよね、そういうの」という意外な返事が返ってきた。確認してみると同じような体験をした仲間が数人いたのである。サーフィン中の海難事故のなかには、ひょっとするとあいった説明不可能なできごとが絡んでいるケースがあるのではないかと思った。

死人に口なし。事故死した人間はそれを証明できない。証明できないまま無念の死を受け入れられない霊が海を漂い、誰かに気づいてほしいと同じことをするのだろうか。

それ以来、足首をつかまれることはなかったが、流れ藻やビニール片が足に触れただけでゾッとするようになったという。

悪意

泳いでいるときに頭を押さえつけられたという恐怖体験もある。

観光地としても有名な、静岡県伊豆半島にある海水浴場近くでのできごとだ。いつもはスキューバダイビングを趣味としている女性だが、そのときは手軽なシュノーケリングを楽しもうと海水浴場の端から海に入り、フィンをつけてから沖に向かって泳ぎ始めた。沖まで泳いでから、マスクを装着してシュノーケルのマウスピースをくわえ、目星をつけていた岩礁周りを潜った。

オヤビッチャやカゴカキダイといったカラフルな小魚が泳ぐ岩の周りを、スズメダイが大きな群れをつくって旋回したり、メジナやイスズミやフエフキの姿も見えた。心癒やされる時間である。

水深は3メートルほど。荒磯や深場を潜るつもりはなかったので、ラッシュガードもウェットスーツも着用せずに普通の水着だった。シュノーケリングを楽しんだあとは海岸で泳ぐつもりだった。

その日は波も穏やか。砂底に岩盤が交じる岩礁地帯を泳いではたまに潜り、ちょっと疲れると仰向《あおむ》けになって浮いて、海草みたいに波間に漂ったりしていた。小さなハタやヒラメも見たし、クロダイも泳いでいた。

そろそろ海岸に戻ろうと、マスクを外してゆっくり泳ぎだした。フィンをつけているので泳ぎは速い。途中からは仰向けになって夏の終わりの空を眺めながら泳いだのだが、それがいけなかったようだ。

いつのまにかリップカレントにつかまっていたのである。日本語では離岸流。海岸にはさまざまな波や潮流が集まっていて、たまに行き場を失った流れが合流して沖へ払い出す流れが生じる。どんどん岸から離れていく危険な流れだ。海岸での遊泳事故のほとんどは、この離岸流が原因だといわれている。

いったんこれにつかまると、強い力で沖へ流されてしまう。岸から離れるのが怖ろしくて遊泳者は岸へ戻ろうと必死になるが、泳いでも泳いでも岸から離されるのでよけいに焦る。そのうちに体力を消耗し、浮いていることもできなくなり死亡事故に至る。離岸流は川のように一定の幅を持つため、岸へ泳ぐのではなく岸と平行に泳げば、斜めに沖へ流されながらも抜け出すことができる。

セオリー通りに、焦らず岸と平行に泳いでいるときだった。いきなりなにかに頭を押さえつけられたのである。ハッとして顔を上げたが、周辺には人影も船影もなかった。頭にぶつかるような流木も見当たらなかった。そもそもなにかがぶつかったという感じではなく、頭を押さえつけた力には明らかな意思というか、悪意のようなものが感じられた。

もう二度と頭を押さえつけられまいと、今度は顔を上げての平泳ぎに切り替えた。海岸は少し遠ざかったけれど、どうにか離岸流からは脱出でき、そこからはゆったりとしたペースで浜から視線を外さずに泳いだ。目指す砂浜から目をそらすと、またあの悪意あるなにかが頭を押さえつけるような気がしたからである。

実際に頭を押さえつけられた時間はさほどでもなかったそうだが、不意打ちを食らってのそれはとても長く感じられ、眼下には底が見えないほど深い暗がりが広がっていた。離岸流ができると強い流れが海底の砂を掘って押しやり、周囲よりも深い溝のような地形を作る。その深みが周囲の海水を引き込むために、払い出す流れはさらに強くなってしまうのだ。

おそらく彼女が見た「底知れぬ暗がり」は離岸流による溝だったのだと思うが、その程度の深さではなかったという。天気もよく海はさほど濁っていなかったし、太陽光をさえぎるものなどなかったから、いくら離岸流で掘られた溝が深くても海底の砂底は肉眼で見えたはずだ、と。

いきなり頭を押さえつけたなにかは悪意ある手の形になり、意思ある暗闇へと彼女を引き込もうとしたのかもしれない。その可能性を否定できるものはいない。

舟幽霊

海では予測できない天候の変化や座礁などによる海難事故が多く、潮に流されて遺体が見つからないことも少なくない。漁師や船乗りは昔から「板子《いたご》一枚下は地獄」という言葉を胸に刻んで海へ出た。海に浮いている船も、船底の板一枚の下には底知れぬ海があり、海へ落ちたら地獄が広がっているという戒めである。

現在のように天候変化を予測できなかったうえに、船が移動の主要手段だった時代には、なおさら海難事故があとを絶たなかった。昔から幽霊船の話が世界各地に伝わっているのはそのせいだろう。リヒャルト・ワグナーが作曲した歌劇『さまよえるオランダ人』は、喜望峰近海で目撃されるという幽霊船の物語（原作は詩人ハイネの作品）だ。神罰によってこの世と煉獄《れんごく》の間をさまよい続けるオランダ人の幽霊船というテーマは、さまざまなバリエーションを展開しながら、その後も広く世界中で語り継がれている。

たしかに夜の海上で明かりも灯さずに航行する無人船というのは不気味だし、風もないのに帆をふくらませていたり、乗り込んでみるとさっきまで人がいたような状況だったり、さまざまなイメージが湧いてきてしまう。映画『パイレーツ・オブ・カリビアン』にもこの世とあの世を行き来する幽霊船（海賊船）が登場した。

＊

日本でも「舟幽霊《ふな》」という呼び名で、幽霊船が夜の海を往来していた。

舟幽霊が出るのは雨の日が多く、帆が風とは逆側にふくらみ、波音も立てずに勢いよく進んでくる。自分の舟に取り憑《つ》くと瞬間的に青白い火に包まれ、気がつくと舟が動かなくなっていたりする。舟幽霊は、海難事故に遭った人々の霊が成仏できないまま海をさまよっているものだとされている。

成仏できない幽霊たちは口々に「杓《しゃく》をくれ」と要求し、それに応えてしまうと海水を舟に注ぎ入れて沈めようとするので、底を抜いた杓を与えるようにと言われている。

さすがに現代には「杓をくれ」とせがむ幽霊はいないようだが、スクリューに絡みついて船を止めようとすることはあるようだ。この世のものではないなにかによるそんな話は、全国各地で聞いた。

伊豆諸島の神津島などでは、伊豆半島の下田からのチャーター便で釣り人を直接エリア内の釣り場〈磯〉へ運ぶシステムがあり、多くの利用者がいる。船は午前2時頃に下田港へ入り、釣り人を乗せて伊豆諸島へ向けて出航、夜明け前後に目指す釣り場に着く。またはいったん島の港へ入って渡礁準備をすませたうえで、ほかの渡船と一緒に磯を目指して出港する。

夜の太平洋を航行するため、船長はいろいろな体験をしているようだ。クジラに乗り上げた話もあれば、流木と衝突して深夜の海上で航行不能になった話も聞いた。私自身が乗り合わせた渡船が、いきなり夜の海で止まったこともある。寝ぼけ眼でキャビンから出てみると、蛸《たこ》入道が海に飛び込むところだった。よく見るとパンツ一丁になった船長がナイフを口にくわえて飛び込んだのである。

流れていたロープがスクリューに絡んだらしいとのこと。飛び込む前に「変なものがいたら船縁を叩いて合図してくれ」と頼まれたが、「変なもの」とはなにを意味していたのだろう。サメかもしれないが、ひょっとするとサメじゃないのかもしれない。

巨大な白い影

これは、かつて渡船業をやっていた船長から聞いた話だ。下田港を出て島へ向かう途中で、やはりいきなり船が止まったという。燃料はあるし、エンジンも動いているはずなのに、船がスローダウンしたのである。

その夜は風も波もない、珍しいほどのベタ凪《なぎ》だったという。まったく船が揺れなかったせいか、乗船した釣り人たちはキャビンで熟睡しており、船が止まったことにも気づかない。

月がこうこうと夜の海を照らしていた。近くに船影は見えない。しかたなく船長はエンジンをいったん切って、船周りをチェックすることにした。船尾をのぞいてみたが異常はない。右舷、左舷も異常なし。最後に舳先をのぞこうと、ホースヘッドと呼ばれる釣り人を磯へ渡すための補助デッキがある船首へ近づいたところ、なにかが船首にしがみついているのが見えたという。

思わず目をつぶって立ちすくみ、おそるおそる目を開くとそこにはなにもいなかった。不思議に思いながらもゆっくり船首に近づいて海をのぞき込むと、白い巨大なものが船の下に漂っているのが見えた。それは襦袢《じゅばん》を着た大女にも見えたし、海坊主や蛸坊主、漫画『ゲゲゲの鬼太郎』に登場する一反木綿《いったんもめん》のようでもあったそうだ。その巨大な白いなにかが船を持ち上げていたのだ。

船長はへたり込んだまましばらく船首を眺めていたが、我に返って操舵室へ戻り、エンジンを入れてみた。海面から浮き上がっていたはずのスクリューはなにごともなかったかのように海水をかき回し、船は静かに動き始めた。

右舷を見下ろすと、先ほどの巨大な何者かが白い翼のようなものを広げながら、ゆっくりと後方へ移動していくのが見えた。船尾へ視線を移すと船の後方には船の数倍、いや数十倍といってよいほど大きな白い影が翼を広げ、静かに遠ざかっていった。

「あれがなんだったのか。今もよくわからない。マンボウやエイにしては大きすぎるし、シートがあんな感じで海面を漂うのは見たことがない。それに、最初に見たときはたしかに舳先にしがみついて頭を持ち上げていた」

確かめようがないだけに、その夜のことが今もときおり思い出されるという。釣り人や仲間の船長に話しても信じてはもらえないだろうし、寝ぼけてたのかとからかわれるだけなので、誰にも話さなかったそうだ。

船よりも大きなヒラマサが体をこすりつけて船を揺らしたという話を長崎県の対馬で聞いたことはあるが、これはそういう類いの驚異とは違うようである。

脱北船

幽霊船とは違うが、長崎県五島列島の福江島で、北朝鮮からの脱北船が港に係留されているのを見たことがある。その異様な姿はまさに幽霊船だった。夜中に海で遭遇したら念仏を唱えるか十字を切るかもしれない。今にも沈みそうな木造船で、よくぞこれで日本海を渡ってきたものだと思うような頼りなさだった。小さな丸窓が4つあるだけのキャビン部分が異様に幅広く、その後方にはボロボロのシートが張られていた。シートの下には布きれのようなものが何枚も風に揺れていたが、それが服なのかタオルなのかは確認できなかった。

イカ釣り船なのだろうか。ドラム式の古い自動イカ釣り機が船首側と船尾側に1機ずつ、その上には旧式の集魚ランプがいくつかぶら下がっていた。あの船のなかで大波に揺れる海を渡っているとき、乗組員はどんな思いでいたのだろうか。行方不明になって見知らぬ国を目指す。それはある意味では、異界へ向かう旅路だったに違いない。

深夜の大物

海で遺体を見つけたという話はわりと多い。サーファーや漁師なども第一発見者になるようだが、最も多いのは釣り人ではないだろうか。

とりわけ陸っぱり釣りでは、遺体が漂着しやすい場所がメイン・フィールドであり、釣り人は朝早く行動するため、よけい「第一発見者」になりやすいのかもしれない。

もうひとつの理由は「潮目」である。釣りでは魚の釣れるポイントが潮目に集中する。潮目とはいくつかの流れ（潮流）がぶつかったり、すれ違ったり、合流したりする場所に発生する「境目」のことだ。寄せエサは流れに乗って潮目に運ばれる。天然のエサであるプランクトンや海草の切れ端なども潮目に集まり、つまりエサ密度が濃い筋のような領域ができるのだ。当然のことながら魚たちもそこに集まるという仕組みである。小さな魚が集まれば、それを捕食しようとしてより大きな魚も集まってくる。

ただ、潮目に集まってくるのは寄せエサやプランクトンや魚ばかりではない。ビニール袋などのゴミも集まりやすいし、遺体も自然に吸い寄せられる。釣り人はポイントの目安となる潮目を絶えずチェックしているため、そこに吸い寄せられて漂う異物にも自然と注意が向くわけだ。ときにはハリにかかってしまうこともある。

*

神奈川県西湘の海岸で夜にひとりで投げ釣りをしていたとき、とんでもない大物をハリにかけたことがある。シロギスやイシモチ狙いだったが、スズキやクロダイが釣れることもあるため、いつもより太い丈夫な仕掛けを使い、竿受けを使って竿を2本出していた。穂先に化学発光体を取りつけ、その光の動きでアタリを読み取るスタイルだ。

それぞれの竿で仕掛けをわりと近くへ投げ込んでおき、穂先の光を見ながらクーラーボックスに座ってアタリを待った。平日の夜だったので、さすがに釣り人はまばらだ。砂浜に寄せては返す波音だけが、湿り気を帯びた闇に響いていた。その夜は朝まで粘るつもりだった。昼寝をしていたので眠くはない。

ちょうど「草木も眠る丑三《うしみ》つ時」、今でいう午前2時頃のことだった。右側の竿受けにセットした竿の穂先が大きくおじぎしたまま動かない。竿を手に取ろうとすると穂先が少しだけだけ戻る。そういう動きが何度か続いた。それは大物に多いアタリだった。おそらく警戒して、ハリについたエサをくわえたり吐き出したりしているのだろう。

それまでよりも一段と大きく穂先が引き込まれたところで竿を手に取り、大きく上体をのけぞらせるようにアワセを入れた。同時にズシンという手応えがあった。間違いなく大物である。大きく合わせたのでハリがすっぽ抜ける心配はない。仕掛けも太くしてあったので糸を切られる心配もない。強引に寄せようとするのだが、少し寄せてはまた沖へ逃げられるのくり返しだった。なかなかの大物だが、あまり横には泳がないところから想像すると大型のヒラメ、あるいはエイかもしれない。できればヒラメであってほしいと願いながらやり取りを続けるものの、ある程度までは寄せられるのに、それ以上は寄ってこない。自分が竿を持ったまま横移動すると、その大物もついてくるようだった。

意を決して竿を肩に担いで、あとずさりしながら寄せにかかった。さすがの大物も抵抗できず、どうにか波打ち際まで寄せることに成功。どんな大物なのだろうとヘッドランプのスイッチを入れ、余分な糸を巻き取りながら近づいてみると、釣れたのはヒラメでもエイでもなく、大きなドア、というか戸板だった。寄せ波と引き波で「大物」が寄ったり逃げたりした理由がこれでわかった。

ガッカリした次の瞬間、今度はその「大物」が水死体でなくてよかったと、ホッとしたことを憶えている。じつは釣りで遺体を引っかけて収容した話を聞いたばかりだったのだ。水死体を寄せるときもこんな感じなのだろうか。

ハリを外そうとすると引き波で沖へ流れてしまい、うまく外せない。寄せ波で打ち上げられたときに素早く外そうとするのだが、幹糸と呼ばれる太いハリスに段違いに結んだ3本の枝バリが、見事に3本ともガッチリ刺さり込んでいて、思うように外せない。

波打ち際で暴れる濡れた戸板を見ているうちに、子どもの頃に観た映画『四谷怪談』で戸板がひっくり返ると裏側に縛られたお岩さんがゆら〜りと顔を出すシーンを思い出してしまった。ハリを外そうとする指先が震え、外したハリがまた戸板に引っかかって刺さり込んでしまう始末。焦った私は幹糸に結んだ枝ス（枝バリを結んだ短いハリス）をハサミで切って、ようやく戸板の呪いから解放されたのだった。

時計を見ると3時をすぎていた。1時間近くも魔物と格闘していた計算になる。心配なのでヘッドランプで照らし続けた戸板は、しばらく波打ち際を漂い、大きな波の引き波で沖へ運ばれ、静かに暗い波間へと漂い流れていった。その向こうの水平線と接する空がわずかに青くなり始めていた。それからまもなく早い夏の朝が訪れ、長い長い夜釣りの時間は終わった。

第3章

人智を超えたもの

二度生かされた男

磯釣りの釣り場では、背後の岩壁に人の顔らしきものが浮かんでいたとか、手の形がいくつも見えたとか、そういう心霊スポット的な場所も少なくない。

広島のＩさんが１泊２日の「遠征釣行」を無事に終えて、長崎県にある男女群島から戻る途中での話である。思い思いの釣り場に分散していた仲間たちと合流し、帰りの渡船内でそれぞれの釣果の話で盛り上がっていると、同行した先輩釣り師のＹさんが船内に静寂を呼び込んだ。

「Ｉさん、女島の屏風で夜釣りしたんでしょ？」

「はい、昼夜通しで釣りをしました」

「背中の岩盤の上あたりになにか見えなかったですか？」

Ｉさんは無邪気に「はい、満天の星空に無数の流星が一晩中見えましたよ。なにかありましたか？」と返した。

すると、Yさんは言うべきかどうか躊躇《ちゅうちょ》したあと、意を決したように語り始めた。

「誰でも見えるというわけではなく、見える人と見えない人があるんですよ」

なにが「見える」のか、Iさんにはまるでわからなかった。

「実は私ね、霊が見えるんです。見えるようになってしまったんですよ」

Iさんは霊の類いを見たこともなく、そういう話をまったく信じないタイプなので、最初は場を盛り上げるための怪談話だろうと聞き流していたが、さすがに次のひと言とYさんの視線が自分ではなく自分の背後に向けられてゾッとしたのだという。

「屏風からついてきたのかもしれない。Iさんの後ろにね、ふたり、見えるんですよ」

思わず振り向いてしまったIさんに、Yさんはこう告げた。

「いやいや、怖がることはないようです。そのおふたりは悪い霊、つまり悪霊みたいなものではなく、むしろ善い霊、Iさんを守ってくれる守護霊みたいな感じがしますから」

周りの仲間たちもしきりにIさんの後ろに視線を向け始め、見えるみたいだ、いや、なにも見えない、と勝手に盛り上がり、信じていないとはいえ複雑な気分のまま家にたどり着いたという。

それから何年かたって霊の話はすっかり忘れていたIさんだったが、どう考えても奇跡というしかない状況で二度も命が助かったとき、その「守護霊」の話を思い出した。今では

「きっとあのときの霊が守ってくれたのだと信じています」とのこと。

その不思議な幸運と遭遇したのは、一度目は鹿児島県の屋久島へイシダイ釣りに行ったときだった。屋久島の尾之間《おのあいだ》というところに「池の鼻」という大好きな磯があり、Iさんはそこで釣友と3日間じっくり大型のクチジロイシダイを狙う計画だった。

釣行初日は珍しいほどのベタ凪で、離島ならではのスケールの大きさと爽快な雰囲気を満喫していた。磯釣りでは表層や中層を泳ぐ魚を「上物《うわもの》」と呼び、底層を泳ぐタイプの魚を「底物《そこもの》」と呼ぶ。Iさんが狙っていたイシダイは底物を代表する人気ターゲットであり、なかでもクチジロイシダイは離島へ遠征しないとなかなか狙えない「幻」ともいえる存在だ。

ところが、昼頃、油を流したようなベタ凪の海が豹変したのである。

突如、波さえ見当たらなかった海面が4~5メートルも引き、深みへし続く岩だらけの急斜面がむき出しになり、仕掛けを入れていた岩棚まで丸見えになった。なにが起こったのか驚き、唖然としているわずかな時間ののち、今度は2階建て住宅ほどの高さの波が釣り場を襲ったのだ。しかも、突然の大波が立て続けに3発。

さすがに「死」を覚悟したという。

最初の大波は、なにをどうしたのか自分でも憶えていないがなんとかしのぎ、息つく間もなく2発目に襲われた。これが一番大きかったのではないか、という。体が浮き上がって押し流されそうになったため、必死で岩に張りついた。が、自分が真っ白な泡の底にいるのがわかっていよいよ覚悟を決めた瞬間、竿受けを固定するために岩へ打ち込んだピトンが手に触れた。Iさんは必死でそれにしがみつき、這いつくばるようにして大波をかわした。

こんなことが起こるわけがない。これは夢だ。夢を見ているに違いない。そう思いながらも、先ほどまでパニックに陥っていたのに落ち着いている自分もいて、意外と冷静に3発目の波には対処することができた。3発目の大波が足下をかすめたあとの海は、大波が襲ったことが本当に夢であったようにベタ凪状態に戻っていった。磯の周りには大波で生じたサラシが広がっていたが、それも消え、快晴ベタ凪の海で自分だけがびしょ濡れで座り込んでいたそうだ。

ふと釣友のことが心配になってあたりを見回すと、二段ほど高い場所でガタガタと震えているのが見えた。釣友にしてみれば仲間が波に呑まれる修羅場を目撃したわけで、九死に一生を得たとはいえショックだったのだろう。

安心させようと笑顔を作って「いやー、もう100%死ぬかと思ったよ」と声をかけると、まだ信じられない様子で「間違いなく流されたと思ったよ。今でも信じられない」と、幽霊でも見るように大きく目を開いてIさんを見つめていたという。釣友はもちろんのこと、渡船宿がある屋久島でも「あり得ない」「運がよすぎる」「なにかに守られていたとしか思えない」などと噂になったほどだった。

ああいう大波は予測ができない。屋久島では過去に何度か似たような大波で海難事故が発生していて、遺体の多くは今も収容できないままとも聞いた。荒れた海なら注意もするし、そもそも危険な場所には行かないが、予測の難しい不意の大波こそ魔物である。釣り場の近くにお地蔵さんがあり、それは運悪く魔物に連れ去られた釣り人や漁師のためだったのだとあらためて気づいた。釣り人や漁師たちへの警告でもあるのだろう。

＊

二度目の奇跡体験は、その数年後に高知県へ釣行したときに遭遇した。

ちょうどゴールデンウィーク。柏島にある「ムロバエ群礁」という有名磯でイシダイ釣りをしていたときである。その日は朝からウネリがあり、船長からは「昼までしか釣りはできないと思うので、いつでも撤収できるよう荷物は1カ所にまとめておいてくださいね」と言われ、Iさんもそのつもりだった。が、釣り開始から1時間ほどたったとき、一瞬にして大波に体ごと流され、海に叩き落とされたのである。

落水した場所はシモリ（沈んだ岩礁）だらけで岩質の荒々しい岩礁帯。足が岩肌に当たるのを感じながら高波に呑まれかけていた。何度か海水を飲んで息が苦しいなかで、運よく助かったとしても鋭い岩礁による大ケガは免れない状況だな、治るかな、困ったな、と呑気《のんき》に思いをめぐらしていた。おそらく意識を失いかけていたのだろう。

そのときだった。誰かが必死に叫ぶ声が耳に入った。

「沖に泳げ！」「沖に向かって泳げ！」

見上げるとすぐ近くに渡船がいて、船長が必死の形相で叫んでいるのだった。

「そこは岩だらけで船が近づけないから、沖へ泳げ！」

ハッと我に返ったIさんは夢中で沖へ泳いだ。泳ぎ疲れた頃、とはいってもほんの数十メートルだったと思うが、船からロープが投げられ、それにつかまって引き上げてもらえた。

「生き運があったんだなあ、よかった、よかった」と声をかけられ、ああ、生きていたんだと安堵したという。安堵しながら、つくづくと自分は誰かに守られて、生かされているのかもしれない、と感じた。Iさんはそう言って笑い、こうつけ加えた。

「霊など信じなかったボクですが、守護霊というのは、きっと海で亡くなったかたたちの霊が、同じ犠牲者を出さないように手助けしてくれる守り神なのだと思うようになりました。それからは霊も奇跡も信じるようになりました。古稀を迎え、先輩や同期、後輩も何人か海で失い、もちろん、海の怖さを理解しているつもりです。私が二度も生かされたのは、自分の体験をみんなに話して、海の怖さを伝えるためなのだろうと思います。霊は呪ったり恨んだりするのではなく、自分と同じ思いをさせないためにたまに出てくるのかもしれません。

そう考えれば怖くはないです」

絶壁の明かり

友人が冬の伊豆大島へ釣りに行ったときのこと。夜明け前に東海汽船で港に入り、そのまま暗い堤防の先端で竿を出すのがいつものパターンだったという。

しかし、その日は磯まで歩いて釣りをすることに決め、ヘッドランプの明かりを頼りに岩場を歩いて釣り場に着くと、右側のほうにもヘッドランプの明かりがふたつ動いているのが見えた。

先行者だろうか。自分よりも早く船を下りて釣り場へ向かって歩き出した人はいなかった気もするが、この場所を取られなくてよかったと胸をなで下ろした。

ところが、明るくなると釣り人の姿はどこにもなかった。

それどころか明かりの見えたあたりは断崖絶壁で、人が立てるような場所など見当たらなかったという。

憑依

兄妹で磯釣りを趣味としている知り合いが、西伊豆の地磯へ釣行したときのことである。その釣り場はロープを伝って降りなければならないハードな場所。そのぶん訪れる釣り人は少なく、場荒れもしていないので兄妹はよくそこで竿を出していた。

崖上から道は二股になっていて、左側はロープを結んだ木のある場所へ、右側はしばらくすると断崖絶壁になっている。そのはずだったが、右側の道から奇妙な格好をした人がなにかをぶつぶつとつぶやきながら歩いてきた。

「おはようございます」

驚きながらも朝の挨拶をしたが返事はない。

不思議だとは思ったが、地元の人しか知らない道があるのかもしれない。細かいことはあまり気にしない兄妹だったため、いつものようにロープを伝って兄が先に降り、ロープに結んだ荷物を下ろしてから妹が降りると、時間を惜しむように釣りに集中したという。

しかし、釣りを終えて車に戻ってから異変が起きた。

いつもは無口な兄が、やたらとおしゃべりを始めたのである。「どうしたの？」と聞いてもしゃべり続ける。しかもいつもの声ではなく、しゃべりかたもよく聞き取れなかったが、堅苦しい表現ばかりだった。「自分は」とか「〜であります」とか、兄の話しかたではなかった。

さすがに気味が悪くなったが、ハンドルを握っているのは妹で、脇見ばかりしているわけにもいかない。「どうしたの？」「どうしちゃったの？」と呼びかけながら、やっと信号が赤になったので、わざと急ブレーキをかけたとたん、取り憑いていたなにかがショックで前方へ飛び抜けていったかのように、いつもの兄に戻ったのだそうだ。

兄はなにがあったのかまったくわからず、駐車場からの記憶がないという。

「朝すれ違った人、やっぱり変だったよね。釣り具も背負子も持ってなかったし、思い出してみると軍服みたいなのを着てた気がする」

「たしかに奇妙な格好をしてたな、でも足はあったぞ」

それはテレビドラマで観るような軍服ではなくて、もっと古い時代のもののようだったという。

天女の助け

伊豆諸島の八丈島で海苔採りのおじいさんから聞いた話は、どこかほっこりする内容だった。

八丈小島の離れ磯へ渡って釣りをしていると、渡船が近づいてきて竹籠を背負った足の不自由なおじいさんが下りてきた。おじいさんは手にした海苔かき用具で、岩肌に付着した岩海苔を採っている。海苔が付着する岩場はときおり波を被るような低い場所ばかりなので、ちょっと心配だったのだが、岩にまたがり体を安定させながら作業をしていた。我々釣り人はスパイクのついた専用ブーツを履き、ライフジャケットを身につけ、転んだときのために尻当てまでしているが、おじいさんは普通の長靴に年季の入った雨具だけである。それでも向こうはプロ。よけいな心配だった。

「兄ちゃん、悪いね。ちょっとそこの岩をやらせてな」と言いながら竿の下で作業を始めたので、「休憩するから大丈夫ですよ」と声をかけ、時間的には少し早いけれど昼食にした。

採った岩海苔を詰めた竹籠を担いで岩肌をよじ登り、人懐っこくニッと笑いながら「お礼にコレあげるよ」と言って大福をくれた。チラッと賞味期限を見るとだいぶすぎていたのだが、あまり気にしないほうなのでありがたくいただいた。

「海で動いていると甘いものがほしくなるからさ」と言いながら、おじいさんも同じ大福を口に運んだ。そこから妙に打ち解けて会話がはずんだ。大福も食べ終わり、おじいさんの海苔採りも一段落していたので釣りを再開したかったが、ついつい話のおもしろさに引き込まれ、そこから長い休憩時間となってしまった。

*

それは10年ほど前のことだったそうだ。八丈島本島の地磯で海苔採りをしていたら、急に風向きが変わったのだという。海で風向きの急変ほど怖ろしいものはない。おじいさんは海苔採りを中断して帰り支度を始め、波を被り始めた低い岩場を急ぎ足で歩いていたそうだ。当時はまだ足も不自由ではなかったという。ただ、低い磯には海草が繁茂していて滑りやすい。

おじいさんは急ぎながらも慎重に磯の上を歩き、少し高くなった乾いた岩のところまで戻った。少しホッとして振り向いたとたん、大きなウネリが岩を呑み込んだ。踏ん張る余裕もなく海に叩き落とされ、白い泡に巻き込まれた。運の悪いことに背負った竹籠が海底の岩に引っかかって身動きが取れなくなり、もがいた反動で肩ひもが雨具のフードを固定するボタンに絡みついてしまった。

息も続かなくなって意識が遠のいたとき、体がふわりと浮いたのだという。憶えているのは、だらりと浮いた手を誰かが握って引っ張っている感覚、手を引かれて海中を移動している感覚だけだった。

「やさしい手だったね」とおじいさんは目を細めた。もう体が麻痺していたのかもしれないが、冬の海なのに寒さも感じなかった。

「まるで天女様が極楽へ導いてくださっているみたいだった」という。

気がつくと、おじいさんはどこかの岩の上にうつ伏せに倒れていた。それと同時に右足に激痛を感じた。複雑骨折していたらしい。痛みをこらえながら周りを見わたすと、そこは落水した場所から200メートルも離れた岩場だった。しばらく動けずにいると、島の知り合いが見つけて助けてくれたという。そばにあった竹籠はきちんと立っていて、採取した岩海苔がそのまま詰まっていた。

「あれは、きっと天女様か女神様の手だったんだな」と、おじいさんはまた目を細めた。足には障害が残ったけれど命は助かった。

「助かったっていうより、極楽経由で戻ってきた感じだった」そうだ。

私が釣りを再開すると、すぐ横の岩場に座り込んで目を細めて楽しそうに眺めていた。私は釣り上げた魚を数匹選んで、血抜きしてから袋に入れて「話のお礼に」と手渡した。おじいさんは頭を何度も下げながらその袋を大事そうに竹籠へ入れ、迎えに来た渡船に乗って帰っていった。

タヌキの導き

キツネに化かされたという話は、山里では数多く聞かれる。海辺にもキツネやタヌキは生息しているし、イタチもいるのだが、海辺の彼らは人をだますことにはあまり興味がないらしい。しかし海沿いでも少し山に入るととたんにキツネやタヌキは妖怪化、悪さをしかけて住民や旅人を困惑させる。

*

以前、伊豆半島先端近くにある小さな集落を訪れたことがある。いつもは素通りする海岸道路からの細道を車で入ったのは、まだ明るさの残る夕暮れ前。しかし、まるで原生林のような森のなかはずいぶんと薄暗く感じられた。曲がりくねった下り坂をヘッドライトで照らしながら下っていくと、どこからか猫のような犬のような動物が飛び出してきた。

「あれ、タヌキみたいだな」

ハンドルを握っていたMさんがつぶやいた。

ヘッドライトの明かりのなかを太い尻尾を振りながら走っているのは、たしかにタヌキだった。秋になったせいか丸々と肥《ふと》っている。Mさんはスピードを落としてタヌキが藪《やぶ》のなかへ逃げ込むのを待ったが、タヌキは一向に道を外れる様子はない。

それどころか、まるで我々を先導するように、ときおり後ろを振り向き振り向きしながらヘッドライトの明かりのなかを走り続けるのである。

「ちゃんとついてきてよ」とでも言わんばかりの走りっぷりである。私たちは思わぬ珍客に歓声を上げ、かわいいだの、デブだのと、好き勝手なことを言い合った。そんな声に気を悪くしたせいかどうか、タヌキはいつまでも道を譲ってくれない。

しかたなくスピードを緩めたままタヌキの先導で山道を下っていったのだが、やがてなんとなく不安を覚えるようになった。それは車中の全員が感じたらしく、みんな次第に無口になってしまった。押し黙ったままヘッドライトの明かりのなかを走るタヌキの後ろ姿を見ていた。

いくらスピードを緩めているとはいえ、目指す集落までの道がこれほど長いはずがないのである。この坂道はどこまで続くのだろう。いつまで下り続けるのだろう。宿にたどり着けるのだろうか。ひょっとすると自分たちは、異界への隘路《あいろ》を先導されているのではないか。

みんなが押し黙ってただただタヌキの後ろ姿を見ていた時間が、どれくらいだったのかはわからない。ふと気がつくとタヌキは道路脇の藪へ消え、ヘッドライトの明かりの先に森の終わりを告げる広い空間がのぞき、夕方の薄明るさが戻ったようだった。同時に車中にホッとした空気が戻り、途切れた会話も再開された。

「長い坂道だったね」

「うん、長くて曲がりくねっていて、ちょっと怖かった」

「暗かったせいかいつもより長く感じたな」

誰も「タヌキに化かされた」などとは言わなかったが、なんとなく奇妙な感覚を共有していたことは間違いなさそうだった。

*

翌日は宿の親父さんが操舵する小船で、磯へ渡って釣りを楽しんだ。

釣りから戻って風呂を浴び、夕食までの時間を利用して浜まで散歩することにした。砂利道の周りには畑が広がり、畑が尽きるところからは斜面になっていてお墓が並ぶ。潮の匂いに混じってかすかに線香の匂いが漂い、ゆらゆらと立ちのぼる煙も見えた。夕凪という言葉を絵に描いたような無風状態である。

段々畑のようなお墓のなかで竹籠を背負った女性がふたり、立ち話をしている。唱歌に出てきそうな田舎の風景である。海のほうからおじいさんが歩いてきた。

「こんにちは」

「こんにちは」

目の前を赤とんぼが飛んでいく。赤とんぼに導かれるままに道を歩いていくとワンドになった浜に出た。小さな湾状の浜はゴロタ石で構成され、浜の左右は切り立った崖でさえぎられている。崖は岬となって突き出て、浜を守っている。

大きめの石に座って夕陽を浴びる海をぼんやりと眺め、ついさっき歩いてきた道を宿へと戻る。相変わらず赤とんぼが飛んでいる。

「こんにちは」

「こんにちは」

おじいさんとすれ違って挨拶を交わして、なんだか奇妙な気分になった。まるで時間が巻き戻ったように、さっきと同じシーンがくり返されたみたいなのだ。あわてて振り向くと、竹籠を背負ったおじいさんが海へ向かって歩いている。よく見るとさっきすれ違ったおじいさんとは服装も背格好も違うようだったが、なんとなくキツネにつままれた気分で宿へ戻った。

タヌキといい、赤とんぼといい、そこでは何者かに先導されて不思議な空間を通り抜けているような雰囲気があった。別に怖ろしいわけでも不愉快なわけでもなく、むしろ不思議でおもしろい体験をしたという気分になっただけなのだが、それが本当のことだったのか、ただの錯覚だったのかは確かめようもない。

たどり着かない雑貨店

これもキツネかタヌキに化かされたような話である。

千葉県の南房総へ、珍しく竿を持たずに旅行で出かけたときのこと。宿泊したホテルを出てぶらりと散歩に出た。ホテルまで来る途中、車からコンビニのような雑貨店が見えたので、夜食でも買っておこうと思ったのだ。それほど遠くないはずだった。

海沿いの景色を眺めていると、釣り道具を持ってこなかったことが少し悔やまれた。防潮堤から見える海はベタ凪で、いかにも足場のよさそうな磯が見える。ここなら大荷物があっても、ホテルから歩いて来られる距離だ。いかにもメジナが好みそうな地形だし、早朝にひとりで短時間だけ楽しむにはもってこいの場所に思えた。

煙草に火をつけ、顔を上げると100メートルほど先で道路が大きくカーブしていて、その少し向こう、左側に目指す雑貨店が見えた。

なにか考えごとをしていたのかもしれない。

ふと前方を見ると、さっきまで見えていた雑貨店がどこにも見当たらない。ゆったりとカーブしている防潮堤と、その向こうに広がる海が見えるだけだった。あわてて周囲を見まわして振り返ると、20メートルほど先の右側に雑貨店があった。考えごとをしていて通過したのか。

新しい煙草に火をつけてから、Uターンして歩き始める。歩き始めたところまでは憶えているのだが、気がつくとまたもや雑貨店を20メートルほど通りすぎていた。

思わず苦笑して踵《きびす》を返し、今度は雑貨店から一瞬たりとも目を離さずに歩き続け、無事に?その店にたどり着いた。

夜食を手に部屋に戻ると、相方から「どこまで行ってたの?」と詰問された。

ぶら下げたビニール袋を持ち上げながら「車から見えた雑貨店で夜食を買っただけだよ」と答えると、呆れたように「1時間もかけて?」と言われてしまった。

1時間? そんなに長く歩いたつもりはないし、店の前を二度通りすぎただけだから、そんなに時間がたっているはずもない。少し口論になったのだが釈然としない。せっかく夜食を買ってきたのに、文句を言われたのも腹が立つ。

相方はもうそんなことを忘れて豪華な夕食にはしゃいでいたが、「失われた1時間」が気になってしかたがなかった。風呂に入って部屋に戻り、それからしばらくして夜食をつまみながら、またさっきの奇妙な1時間の話になった。

「キツネに化かされたんじゃないの？」

「そんなはずはない。煙草だって2本しか吸ってないのに、1時間もたっているわけがないじゃないか」

「そのお店にいたのはキツネじゃないの？」

「肥ったおばさんだよ」

「じゃあ、キツネじゃなくタヌキだったのかもね」

明日、帰るときにふたりでその雑貨店に寄ってみようという話になり、タヌキがいたらどうする、キツネだったらどうする、という話で盛り上がったのだが、翌朝にはそんなことはすっかり忘れてしまったらしい。ホテルを出るとそのまま車を走らせ、道路脇を眺めることもなく2キロほども通過したところで、「あ、あの店」とほぼ同時に雑貨店のことを思いだしたのだった。

気にはなったが、わざわざ戻って確かめるのも大人げない。

「いいじゃん、雑貨店を営むキツネかタヌキに化かされたんだと思えば」というひと言で「失われた1時間」の件は忘れることにした。

しかし、今もそのときのことを思い出すと不思議な気分になる。なぜ二度も通りすぎたのかがわからないし、たったそれだけで1時間もたっていたというのも理解に苦しむ。

あの雑貨店は今もあるだろうか。何度か行ってみようと思ったこともあるが、わざわざ確かめにいく自分が幼稚に思えてというか、そういう行為自体がキツネに化かされているのではないかと思い、決心がつかないままもう40年もたってしまった。

神が集う島で

海には魔物もいるが、神もいるようだ。

伊豆諸島にある神津島へ釣行したMさんは、海が荒れて渡船を出せなくなったので、宿で遅めの朝食を食べていた。しかし釣り好きの虫が騒ぎ出し、仲間と釣りができそうな場所を探して車を走らせることにした。

だが、磯はどこも波を被っていて、とても釣りはできそうにない。多幸湾にある港の奥なら波をかわせるだろうと現地まで行ってしばらく様子を見ていると、たまに先端部が波を被る程度で、体を持っていかれるほどの波は入ってなかった。

躊躇する仲間もいたそうだが、根っからの釣り好きだったMさんは寄せエサを入れたバッカン（釣り具用収納ケース）と、リールや仕掛けをセットした竿だけを手に堤防の先端へ向かった。どうせダメ元の釣りである。竿さえ出せればいいくらいのつもりだった。

「その気軽さが徒《あだ》になったのかもしれん」とMさんはつぶやいた。

港内での釣りゆえエサ取りが多く、メジナは釣れてもサイズが小さかった。それでもいつのまにか釣りに夢中になってしまったのだという。

「ちょっとでも大きいのを釣ろうとするのは釣り師の性《さが》みたいなもの。小型ばかりでも、少しましなサイズが釣れると嬉しい」

釣っては逃がし釣っては逃がしのくり返しだったが、釣りの楽しさは変わらない。つい港の出口へ注意を向けるのを怠ってしまった。

「危ない！」

仲間の大声にハッとしたときには目の前の海面が大きく盛り上がって、次の瞬間、体が浮き上がり、踏ん張りが利かなくなって海へ落ちた。白濁した渦に巻き込まれて、なかなか浮き上がれない。次から次へ波が覆い被さって海全体が泡立ち、もがいても体は海中を漂うだけだったという。

白濁した状態を「サラシ＝晒し」と呼ぶ。白い布を水に晒したように見えるためだが、白く見えるのは泡立っているからで、泡の中身は空気なので通常の海水にくらべて比重が小さくなる。比重が小さいと、それまでは浮いていたものを支えきれなくなる。比重の大きな海水では体が浮きやすいが、真水で浮きにくいのはそのためだ。

ふだんの海なら体を浮かせてくれるライフジャケットが、白濁したサラシのなかでは役に立たないのである。体が浮かない。海面までが遠く感じる。これは磯で落水した釣り人が味わう恐怖である。

泳ぎには自信のあるMさんだったが、渦に巻き込まれた状況では泳ぎの技術も役には立たない。身構えて空気を一杯に吸い込んで飛び込んだわけではないので、潜水能力もあまり意味がない。

「海で死ぬにしても、なにもこんなところで死ぬことはなかったろうに……」と思いつつ、徐々に意識が途切れていったそうである。

どちらが上なのかもわからなくなったときに、なにかがMさんの体を抱きとめ、ゆっくりと押し上げてくれたのだという。

「そんな気がしただけかもしらんけど、やわらかい大きな腕が包み込むようにして押し上げているような感覚だった」

最初は、てっきり誰かが飛び込んで引き上げてくれたと思ったそうだ。意識を取り戻してから、礼を言おうと思って誰が飛び込んでくれたのかと聞いても、飛び込んだ人間は誰もいなかった。奇跡のようにサラシのなかから浮いてきたとのこと。

Mさんは仲間たちによって堤防に引き上げられたが、その手にはしっかりと竿が握りしめられていた。「さすがは釣り師の鑑《かがみ》、死にそうになっても刀（竿）は手放さなかったね」と呆れられたそうだが、実際には手放すのが不安だったのだろう。

「溺れる者は藁《わら》をもつかむ、という諺《ことわざ》があるが、まさにその通りだったと思う」とMさんは当時を振り返った。

あのとき押し上げてくれたのが誰なのか、何者だったのかはわからないままだが、「ひょっとすると海の神さまのようなものだったのかもしれない」と感じたそうだ。神津島は「神集島」であり、その昔、大国主命《おおくにぬしのみこと》の命を受けた事代主命《ことしろぬしのみこと》が、伊豆諸島を創るために神々を集めて会議を開いた島だ。

また神津島の天上山には、命の源である大切な水を配るために話し合ったという「水配り伝説」も伝わっている。それほど地下水に恵まれた島のなかでも、Mさんが落水した多幸湾の近くには、「多幸湧水」という「東京の名湧水57選」にも選ばれている場所があるのだ。やさしく幸多い女神が常駐していても不思議はない。

忙しない人魂

夜釣りで人魂らしきものを見たという体験談はけっこう多いが、神奈川県の三浦半島先端部にある地磯に現れた人魂はかなり活発だったらしい。

仲間と夜釣りに行くとき、その釣り人は目印代わりにライフジャケットの背中に化学発光体を貼りつけておくそうだ。少し離れていても連絡を取りたいときに声をかけやすい。まだ携帯電話もなかった時代である。互いの安否もその光でチェックすることができた。

釣りを始めてしばらくしたところで、相棒はどこにいるのだろうとあたりを見まわすと、発光体の光が数十メートル離れた場所で忙しなく動き回っていたのだとか。あんなところでなにをしているのだろうと思ったが、さほど気にもとめずに自分の釣りに戻った。

どうにかその日初めてのクロダイを釣り上げ、相棒に自慢しようと先ほど光が動いていたあたりに目をやると、まだ光が忙しなく動き回っている。その動きがあまりにも素早く不規則なのでちょっと不思議に思ったが、とりあえず声をかけようとしたとたん、「いいのが出たねぇ」とすぐ横から相棒が声をかけてきた。

あわてて光が動き回っていた場所を目を向けると、もうそこにはなんの光も見えなかった。あの光がなんだったのか、さまざまな可能性を考えてはみたものの、あんなに忙しなく不規則に動く光の正体は想像つかなかった。

相棒にその話をすると「そりゃ人魂に違いない」ということになり、顔を見合わせてどちらからともなく「そろそろ帰ろうか」と言い出した。以来、その場所には出かけていないそうである。

ＵＦＯ出現の特異日

海辺で人魂やＵＦＯを見たという話が多いのは、人工的な明かりが少なく、水平線から上空に大きく空間が開けているため、街中や山中では確認しづらい光も目撃しやすいからだろう。

１９８８（昭和63）年9月9日のことだった。

千葉県銚子市のＯさんは仕事が休みだったため、利根川河口にある一ノ島堤防に渡船で渡って釣りをしていたが、その日はクロダイの反応が薄く、釣れてくるのはクサフグばかりだった。渡船で戻ってからも納得がいかなかったＯさんは、残ったエサを持って近くの堤防へ移動しての延長戦にチャレンジすることにした。

時間はあたりが少し薄暗くなってきた夕方の6時20分頃だった。

近くにいた釣り人たちが急に騒ぎ始めたのである。

「なにごとだろうと思い、海面のウキから目を離して上空を見上げると、鹿島《かしま》（茨城県）方面の空から青白い、ちょうど夜釣りで使うケミホタル（化学発光体）のような光が空から海面に向かって落下してきたんです」

このままだと海面に激突する！と思った瞬間、謎の飛行物体は急停止し、今度は右方向（南方面）へ平行移動しながら海鹿島《あしか》（銚子沖の磯）から君ヶ浜沖あたりまで移動したところで、5つの光る物体に分かれ、もやもやっとしたあとにパッと消えてしまったという。

時間にするとほんの数十秒、多く見積もってもせいぜい1分ほどのできごとだったのではないかと当時を振り返る。

Oさんは「あんな動きをする生物も人工物も見たことがありません。やはり地球外から来た物体ではないかと今でも思っています」と語った。

この日、「謎の飛行物体」は銚子の海以外にも、東北から関東、甲信越地方にかけての広い地域で目撃されており、当日夜のテレビニュースでも報道、視聴者が撮ったビデオが何度も再生されていたという。

「その日はUFO出現の特異日だったのかもしれませんね。飛来しやすい条件というのがあって、その条件が揃っちゃったのでしょう。肝心の釣りのほうは延長戦もパッとしませんでしたが、お陰で記憶に残る不思議を目撃することができたと思っています」

調査船が遭遇したもの

1988（昭和63）年、科学雑誌『サイエンス』の日本版9月号に「調査船『開洋丸』が遭遇した未確認飛行物体の記録」という記事が掲載されて、大きな話題となった。

海洋調査船「開洋丸」がUFOと遭遇したのは1984（昭和59）年12月と1986（昭和61）年12月の2回。1回目は南極海での調査帰りに、南米大陸南端近くのフォークランド諸島付近を北上中のことだった。

深夜0時10分すぎ。操舵室で当直中の船戸二等航海士が、船首方向に右へ移動する黄色い光を発見。その光はフラフラしたりジグザグに動いたりしながら、一気にものすごいスピードで直線的に加速して消えたという。

同じ現象が10分おきに計8回起こり、ベテラン乗組員3人、学生1人、農学博士1人の複数人が目撃している。

同乗の永延博士は「あれは人工衛星でも流星でもなかった」と証言している。

2回目の接近遭遇は2年後の1986年の12月21日。日本とハワイの中間付近を航行中に、計3回の接近遭遇が発生している。

最初は18時。佐々木二等航海士がレーダーに巨大な楕円形の像が映ったのを確認、すぐにデッキへ出て双眼鏡で目視しようと試みたが、なにも見えなかった。レーダーによれば、それは船の周りを二度ほど旋回してものすごい速度で消えたという。

その後、22時からの当直を引き継ぐ際、念のために別のレーダーに切り替えたが、そのレーダーにも22時30分、幅300~400メートルほどの楕円形の物体が映ったのを3人の乗組員が確認した。

すぐにデッキに出て目視しようとしたが、快晴で月夜だったにもかかわらず、このときもなにも見つけることはできなかった。

それでもレーダーには像が出ていた。レーダーを見た乗組員のメモにはこんな言葉が記されていた。

「こんな動きは見たことがない」

「本船の周りをグルグル回っている」

「なんてスピードなんだ」

レーダー観測のエキスパートである村塚甲板員は、「あれは間違いなくUFOですよ」と、のちに語っている。

最後は23時10分。今度は真後ろから接近してきた。ふたりがデッキで目視しようとしたがなにも発見できず。レーダーを見守っていた村塚甲板員が「ぶつかる!」と叫んだ直後、その姿はマッハ4という猛スピードでレーダーから忽然と消え、3人は空気を切り裂くような高い轟音《ごうおん》を聞いている。村塚甲板員が操舵室から前方を見ると、巨大な赤と黄色の光が水平線に向かって消えていったという。

いずれも政府が管理する海洋調査船の船上、しかも公務中に科学者たちを含む複数人が体験した「怪異」である。

人魂でも鬼火でもUFOでも隕石《いんせき》でもなく、ちょっと変わった「謎の光」を目撃したという話もある。

妖精

秋田県男鹿半島船越の海沿いには、巨大な2体のなまはげ像が立っている。青鬼と赤鬼が「悪いドライバーはいねが」「悪い釣り人はいねが」と、秋田方面からやってくる車に睨《にら》みを利かす国道101号のそんな場所で、妖精を見たという人がいるのだ。

「絶対に誰も信用してくれないと思ったので、これまで話していませんでしたが、今でもはっきりとあのときの映像は憶えています。朝方のまだ暗い時間帯にあそこを通ると、いまだに周りを見渡してしまいます。もう一度現れてくれないかと思って」

たしかに、いきなり「妖精を見た」と言われてすぐに信用できる自信はない。なにしろ目撃したのは妖精である。人を怖がらせることもできなければ、話に引き込むこともできない。

しかし、逆にわざわざ「妖精を見た」とウソをつく意味もない気もする。

＊

季節は夏の終わり、というか北国の9月中旬はもう秋の初めだった。

用事があって夜明け前に家を出て、男鹿から秋田方面に車で走行中、右側の海のほうからヒラヒラとなにか光るものが飛んできた。よく見ると尾を曳くように鱗粉がキラキラ光っていて、車道の真ん中でホバリングするように浮いた。

その姿はまさに『ピーター・パン』に出てくる妖精、ティンカー・ベルだったという。鱗粉を撒き散らしながら空を飛び、光っている小さな小さな女の子。

突然、目の前に現れたものがなんなのかわからないまま見とれたが、ハッと我に返って「ああ、轢いちゃう！」とブレーキをかけると、目鼻立ちこそよく見えなかったものの、たしかに顔をこちらへ向けてパッと丸くリング状に光がふくらんだ次の瞬間、跡形もなく消えてしまった。

見た瞬間に「妖精だ」と確信したそうである。わけのわからないなにか光るものを見て、あとから「妖精のようだった」とか「妖精だったのかもしれない」というのとは明らかに違う。妖精だった、のだ。

「風に吹かれて蛾《が》かなにかが飛んできたんじゃないの？」と聞いてみたが、本人は「いえ、あれはたしかに妖精でした」と譲らない。「湿地に小雨が降って土中の硫黄やリン化水素が漏れ出て燃焼、大気中に浮遊する青い火を『鬼火・陰火・幽霊火・狐火・火の玉』などと呼ぶが、そういう類いの光ではなかった?」という問いかけには、「鬼火に顔や羽根はありますか?」と逆に問い返された。

「やはり信用してもらえなかったか、話すんじゃなかった」と悔やんでいる様子だった。

運転中に白日夢を見たわけではないだろうし、その場所でよく妖精を見るという話があるわけでもない。『ピーター・パン』が好きだったわけでもないのだから、おそらく目撃した本人が一番驚いたのだろう。だからこそ今まで誰にも話せなかったのだと思う。

私は信じることにしたが、考えてみれば「妖精」がどんな存在なのか、どういう能力があり、どういう特徴があるのか、さっぱりわからない。そういう意味では、「未確認生物=UMA」に分類されるべきなのかもしれない。

イサダ

東北へ釣りに行くと、会話のなかに「イサダ」という釣りエサがしばしば登場する。最近ではあまり聞かなくなったが、それでも地元の古老などは「昔はイサダで釣りをしたもんだ」と懐かしそうな眼差しで話しかけてくれる。

ただ、会話に登場する「イサダ」が、そのときどきで微妙に姿形を変えることがあり、イメージが定着せずに混乱することも多かった。

一般にエサに使われる「イサダ」あるいは「イサザ」「エサダ」は、砂浜の波打ち際などに生息するエビやアミのような形をした生物で、大きさはせいぜい体長1~1・5センチほど。釣り入門書の記事などでは、誤って「ツノナシオキアミのこと」などと書かれていたりするが、正式名は「コクボフクロアミ」というアミの一種。このいわゆる「イサザアミ」は海水ではなく淡水系の小型アミで、佃煮やかき揚げなどに使われることも多い。

いっぽうで「イサザ」という魚もいて、こちらはれっきとした魚類で、淡水系のハゼの一種。これが訛《なま》って「イサダ」と混称されるからややこしい。

また、釣り人によっては「ハマトビムシ」を「イサダ」と呼んだりもする。私が宮城県奥松島の嵯峨渓に釣行したとき、渡船が出る港で話しかけた老人が「イサダ」だといって見せてくれたのはハマトビムシだった。しかし、小さなハリに刺していた「イサダ」はアミの形をしていた。こちらはおそらくコクボフクロアミだろう。老人はどちらも「イサダ」と呼んでいたが、ふたつのエサ箱に分けられていたので、それぞれ別物だったのだろう。

＊

その日は釣り具店主催の大会に参加していた。釣果の検量や表彰式の時間を考慮して、いつもよりかなり早め、お昼すぎに渡船は港に戻った。宿で着替えをすませて外へ出てみると、検量などでまだ忙しい様子だったので、宿のサンダルを突っかけて堤防まで散歩に行くことにした。

外側の堤防には釣り人が数人竿を出していたが、内側の短い堤防では先端に麦藁帽子を被った老人が釣りをしているだけだった。外側の堤防まで行く時間はなかったので、手前の短い堤防を歩いてみると、ちょうど老人が延べ竿をスッと立て、小気味よくしなった竿を操ってウミタナゴを抜き上げるところだった。

一連の動作を見るかぎり、相当に釣り慣れている。老人は魚からハリを外すと横のバケツに入れ、ロープをたぐって四角いスカリを海から持ち上げ、素早くバケツから魚を移しかえてスカリを海中へ下ろした。すかさず大きめのエサ箱からつまんだ砂を竿先に撒き、海中をのぞき込んで、今度は別のエサ箱に指を突っ込んでハリにエサを刺した。と思ったらもう仕掛けが振り込まれている。

無駄のない見事な動作に感心し、少し離れた場所にしゃがみ込んで観戦していると、気になったのか、老人は海面のウキから目を離してチラチラとこちらをうかがい始めた。挨拶もせずに見ているのも失礼だと思い、そばへ寄って声をかけた。

「いいウミタナゴでしたね」

「ここでは標準サイズのタナゴだ」

「さっき手で撒いてたのはなんですか？」

「イサダだ」

「イサダ？」

「これだ。貝殻砂にまぶしてある。死んでしまうとタナゴも寄ってこないから湿らした砂に交ぜて生かしておく。これをつまんで撒く」

老人はそう言って大きいほうの木箱のフタを開いて見せてくれた。砂に交じって小さな白いフナムシのような虫が見えた。

「つけエサにも同じイサダを使うんですか？」

「ハリに刺すのはこっちのイサダだ」

老人がフタを開いて見せてくれた小さいほうの木箱にも貝殻砂が入っていて、そこには半透明の小さなオキアミのようなアミエビが見えた。

「ウミタナゴにはこのエサが一番いい。クロダイも釣れる」

「売ってるんですか？」

「いや、自分で採る。波打ち際で採れる。時期によってはハリに刺すイサダをコマセにも使う」

そんな説明をしながらもこちらへは視線を向けず、ビシッと小さく竿を撥《は》ね上げ、ゆったりとした動作でやり取りしながらウミタナゴを手元に引き抜き、ロープをたぐってスカリに入れる。かなりの手練《てだ》れである。風格さえある。

しばらく名人芸のようなウミタナゴ釣りを見ていたが、表彰式が始まりそうなので、お礼を言って堤防から戻った。老人は礼には返事もせずに同じ動作をくり返していた。

「なにしてたの？」

「ウミタナゴ釣りの名人がいたから話を聞いてたんですよ」

「どこで？」

「どこって、あの堤防の先端で」と指さした堤防には誰もいなかった。

聞けば、堤防の先端で立ったり腰を屈めたりしている私を見て、不思議に思っていたのだそうである。

「麦藁帽子を被った老人が竿を出してたでしょ？」

「いいや、ずっとひとりだったよ。第一、あそこで釣りをするヤツはいませんから」

私は頭がこんがらかってクラクラしそうだった。冗談好きの誰かにハメられたのかとも思ったが、そんな雰囲気はない。

表彰式が終わってから、もう一度内側の堤防へ行ってみた。老人はいない。老人がウミタナゴを釣っていた先端の外側をのぞいて唖然とした。そこには10メートル先まで石積みされていて、水深は20センチもなく、石積みの先も浅い砂場になっているだけだった。「あそこで釣りをするヤツはいません」というのはもっともである。

あれは幻覚だったのだろうか。しかしたとえ幻覚だとしても、あれほど映像が鮮明でしっかり会話の内容まで憶えているものだろうか。老人と交わした会話の内容も、当時は知らなかった知識ばかりである。「イサダ」のことは自宅に戻ってから調べた。

時間や記憶が入れ違っているのだろうか。モザイク状に再生された記憶の隙間になにかが紛《まぎ》れ込んできたのだろうか。変なヤツだと思われるのが嫌で、その話は家族にも友人にもしなかった。日常生活に支障があるわけではないし、自分が言わなければこの世には存在しないできごとである。

それは今日でも確かめようがなく、この先もずっと謎のままなのだろう。

毛嵐

毛嵐という言葉がある。

外気温と海水温の差が大きいために、海面に立ちこめた水蒸気が陸からの冷たい空気に触れて霧状になって流れる現象のことで「気嵐」とも書く。「けあらし」はもともと北海道の方言だそうだ。気象用語では「蒸気霧」であり、状態的には「煙霧」を意味する。

霧を動物の「毛」にたとえたのが「毛嵐」だと思うが、たしかに毛嵐が通りすぎたあとには毛のような細かい着氷が見られる。個人的には「物の怪《もののけ》」の「怪嵐」ではないかとも思っている。

この「物の怪」は「物の気」とも書き、『広辞苑』（第7版）によれば「死霊・生霊などが祟《たた》ること。また、その死霊・生霊。邪気」とある。「物の怪」は「物の気」であり「物の毛」でもあるのだろう。どこか毛深い獣の匂いがする言葉だ。

昔、『ザ・フォッグ』という霧とともに死者たちが港町へやってくるホラー映画があったが、海上の霧にはこの世とあの世の境界を曖昧にする力があるのかもしれない。

＊

北海道函館湾の堤防で、冬に何度も釣りをしたことがある。函館の金森倉庫群前から渡船で夜明け前に沖の堤防に渡してもらうのだが、防寒着を重ね着していても寒く、船が走り出すと耳を引きちぎられそうになる。吹雪《ふぶ》いているときなどは、手の指先に感覚がなくなるほどだ。

そんな思いをしてまで釣りたい魚はクロダイである。クロダイは関東でも釣れるし、自宅近くを流れる川の河口域にもいるが、その北限が北海道の函館周辺なのである。北海道の漁師たちは銀色に光り輝くソイやタイのような姿という意味で、「ギンゾイ」または「ギンダイ」と呼んでいたらしい。そんな北限クロダイを追い求めるようになった経緯は省くが、一時期、毎年のように真冬の函館へ釣行していた。

釣り場となる「赤灯ハナレ」という堤防は正面に函館山が見え、背後は海峡フェリーの航路になっている。雪が積もっているときは、堤防に降りてまずスコップで雪かきをして、荷物置き場と釣り座を確保してから釣りの支度をする。気温はマイナス5度だったりマイナス10度だったり。風が吹くと体感温度はさらに低くなって竿を持っているのもつらくなる。日中は晴れ間がのぞくと暑いくらいに感じるが、それでも温度計を見ると0度。寄せエサを撒きながらウキ釣り仕掛けで狙う。海水温もせいぜい5～8度。それでも冷たい水温に慣れているせいか、ホッケやソイやハチガラやウスメバルといった北国らしい魚に交じって、クロダイは元気にウキを引き込んでくれる。

快晴でさほど風もないときは、美しい雪景色を堪能しながら釣りを楽しめるのだが、気づくとあたりが暗くなり、濃密な霧が景色をかき消している。毛嵐だ。青空が遠のき函館山がかすみ、近くにいたはずの釣友の姿も消え、ほんの10メートル先の海面を漂うウキさえ見えなくなる。こうなると、ただただ毛嵐が通りすぎるのを待つしかない。下手に動くと堤防を踏み外してしまう。霧笛を鳴らしながら背後を通過しているのが、カーフェリーか貨物船か判別できない。

ジッとしていると霧が薄れ、少しずつ色彩が戻ってくるのがわかる。赤い灯台もその姿を現し、竿を持ったまま微動だにしない釣友たちの姿も見えるようになる。別になにがあったというわけではないが、やはりホッとする瞬間だ。

けれど、一度だけちょっと怖い思いをしたことがある。

その日は釣り始めてまもなく、濃い霧に堤防全体が包み込まれた。美しい北国の夜明けの海景が瞬く間にかき消され、灯台の赤い光も見えなくなった。海面のウキも見えない。竿先すらどこにあるのかわからない状態だった。

そんな状況なのに手元の糸がツンとなにかに引っ張られた。前アタリである。ふだんならウキの沈み具合で合わせるタイミングをはかるのだが、ウキも竿先も見えないので、唯一の頼みは糸に伝わるテンションの変化である。糸に左手の指をかけ、糸の張り具合を読み取りやすいようにして次の変化を待つ。もう一度大きくツンという反応があり、次に糸がピーンと張り、竿先が海中に引き込まれるのがわかった。こういうのを「糸引きアタリ」などというが、クロダイ釣りでは典型的なアタリのパターンのひとつでもある。

竿を強く立てて合わせると、鋭い引きが伝わってくる。ホッケやウスメバルではない。アイナメの引き込みとも違う。間違いなくクロダイの引きである。

慎重にやり取りして魚が海面まで浮いたことはわかるのだが、姿は見えない。水しぶきも見えない。ウキも見えないので少しずつ糸を巻き取り、ウキがコツンと穂先のトップガイドに触った感触で巻くのを止める。それ以上巻くと穂先を折ってしまう。竿を立ててできるだけ足下へ引き寄せると、流れる濃い霧の下に背ビレを広げたクロダイの姿がわずかに見えた。その位置を確認して玉網を手に取り、ほぼ勘だけで玉網を海中に半分沈めたあたりで固定、竿を引き起こして網のなかへ魚を引き寄せる。玉網を持ち上げると魚の重みを感じたのでそのまたぐり上げる。

霧の海から玉網のなかのクロダイが姿を現した。背後で拍手の音が聞こえた。

「ありがとう」と拍手に応えながらクロダイを足下に置くと、拍手の数が増えたような気がした。この霧のなかを祝福に来てくれたのかと思ってあたりを見渡したが、もちろん釣り人の姿は見えない。拍手はしばらく続き、いつのまにか途絶えた。

しゃがみ込んでクロダイの口に刺さったハリを外し、ホッとして顔を上げると霧はだいぶ薄くなってぼんやりと景色が見える。景色は見えるが誰もいない。もう自分の釣り座に戻ったのだろうと思いながら、拍手の音はしても声がしなかったことに気づいた。少し奇妙な気はしたが、魚を海中に泳がせておくためのストリンガーを取り出して下アゴから通していると、すぐ後ろで拍手が聞こえた。

「いやー、この状況でよく釣りましたね。さすがです。まったくわかりませんでした」

「何度も拍手されると照れるな」

「何度も？　今、ここへかけつけたばかりですよ」

たしかにあの霧のなかを移動するのは危険だし、そもそも竿が曲がっているかどうかもわからなかったに違いない。

そのうちにほかの釣り人たちも集まってきて拍手してくれたが、では、さっきの拍手はなんだったのだろう。考えてみれば、いくら濃い霧だったとはいってもすぐ近くにいたのならブーツの先くらいは見えたはずである。声も聞こえず、拍手以外の物音もしなかったというのも不思議だ。

釣り上げたクロダイを手に記念写真を撮ってもらっていると、霧は晴れて薄陽が差し込んできた。防寒着の表面には、鋭く細かい氷のトゲがまるで獣の毛のように逆立っていた。

韓国の人魚

磯竿とカメラを持って何度か海を渡った。

ボルネオ（カリマンタン島）のマレーシア領にあるコタキナバルやサンダカン、ミクロネシアのパラオ島とヤップ島、それからお隣の韓国。韓国の釣り雑誌に連載ページを持っていたこともあり、いろいろな場所を訪れた。釜山《プサン》、済州島《チェジュド》、楸子群島《チュジャグンド》、莞島《ワンド》、群山《クンサン》、束草《ソクチョ》、黄海に浮かぶ離島の可巨島《カゴド》（旧・小黒山島《ソフクサンド》）など、ふつうの観光では行かない場所も多かった。

なかでも印象的だったのが楸子群島である。楸子群島は朝鮮半島南端の木浦《モッポ》と済州島の間（済州海峡）に浮かぶ離島群で、４つの有人島と38の無人島が点在し、主島である上楸子島と下楸子島は楸子大橋によってつながっている。「済州道の小さな多島海」とも呼ばれ、60センチ、70センチを超えるクロダイ、イシダイやマダイが釣れることから、韓国内でも人気のフィールドだ。

成田から釜山経由で済州島へ。そこからは高速船で楸子島を目指す。１時間半ほどの船旅で楸子港へ入港して釣り具をトラックに積み込み、港前の釣り具店で翌日からの打ち合わせをして宿に入る。当時はまだ水道や電気などのインフラが整備されておらず、島民の経済的な立ち位置は雨水を溜める水甕《みずがめ》の大きさでわかると聞いた。夜、うっかりシャンプーを使ったらシャワーの水がチョロチョロとしか流れず、洗い終わるまでに苦労した。

韓国らしい辛さの利いた夕食を満喫しながら飲み、通訳と一緒に港を散歩したときのことである。いきなり、船から出てきた漁師のオジサンが近寄ってきて、こちらをチラチラと見ながら通訳になにかを早口で話し始めた。

「ちょっと変な話なのですが、このオジサンがこう言っているんです。日本の海にも半分魚で半分女の妖怪はいるのか、って」

いったいなんのことなのかわからず返答に困っていると、「たぶんマーメイドのことです。日本語だと、えーと」

「人魚だね」

その間にもオジサンは懸命に話し続けていた。

「変なオジサンみたいですから相手にしなくてもいいですよ」

「おもしろそうだから通訳してください」

オジサンは、この港で人魚を見たことがあるのだそうだ。人魚といってもアンデルセンの童話に出てくるような美しい女性ではなく、水に濡れた長い髪が顔にへばりついた怖ろしげな感じで、全身が緑色のウロコに覆われていて鋭い背ビレを持つ。ヒレがついた手のようなものを使って船を舫《もや》っているロープをたぐりながら浮いたり沈んだりして、こちらをうかがうようにしながら、船から船へと素早く移動していたのだそうだ。

たしかに水中に暮らしているのだから髪の毛は海草みたいになっているはずだし、上半身は美しい人間の女性で下半身だけが魚などというのも不自然である。人魚がいるとすれば半魚人のパターンだろう。

＊

日本では人魚を食べた八百比丘尼《やおびくに》が不老長寿になったという伝説が有名である。ディズニーのアニメ映画に出てくるような人魚なら、まさか殺して食べようとは思わなかっただろう。数えかたも、ひとりふたりではなく、1匹2匹だったらしい。

一説によれば八百比丘尼は佐渡島の生まれで、人魚の肉を食べて1000年の寿命を得たそうである。ただ、歳を取らないというのは意外とつらいものらしく、長命をはかなんで800歳のときに若狭で亡くなったという。本来生きるはずだった残りの200年は国主に譲ったのだとも。もともとは凶兆とされていて、人魚が見つかると戦乱が起こるともされていたが、江戸時代になってからはむしろ幸福や富をもたらす存在になった。

コロナ禍で話題となった疫病封じの妖怪であるアマビエ（アマビコ、アリエとも）も、そうした人魚の一種というか一族だが、これも各地に伝わる類似伝説では、江戸時代の瓦版屋がイラスト化した姿とは似ても似つかない容姿をしていたようだ。

肥後国（熊本県）で夜ごと海が怪しく光ったため、役人が調査に向かったらアマビエと名乗る妖怪が出現した、という定番の話にたどり着くまでには紆余曲折《うよきょくせつ》があったらしい。

＊

楸子港で近寄ってきた漁師が見たのは怖ろしい半魚女で、見てしまった自分はいずれ食い殺されるのではないかと怯えていた。漁師仲間や島の人間は誰も信じてくれず、気がふれたという噂さえ流されたのだという。漁師はそれもあの人魚を見てしまったせいに違いないと考えていた。不安でしかたなく、たまたま見かけた日本人らしき私に人魚情報を求めてきたようだった。

日本では人魚を見ると病気にかからず長生きでき、農家なら豊作、漁師なら大漁になると喜ばれているといった話を通訳してもらうと、不安そうな顔つきがみるみる和らいでいくのがわかった。

何度も頭を下げて漁師は自分の船に戻っていった。

「さっきの話は本当なんですか？」

「人魚のこと？」

「人魚を見ると長生きできて金持ちになれる話です」

「半分嘘で半分本当、かな」

「どのへんが嘘？」

「長生きするためには人魚を食べないといけないという話になっている。人魚の肉を食べると1000年も生きられるらしいよ」

「人魚を食べるのはちょっと嫌です」

「でも、人魚は伝染病から守ってくれるし、大漁になるというのは本当の話だよ。もちろんどちらも伝説だけど」

「じゃあ、人魚を探して明日から大漁にしましょう」

食料品店で菓子パンとジュースのペットボトルを買い、ふたりで護岸を歩きながら船の陰に人魚を探したのだけれど、それらしい姿を見つけることはできなかった。

シャワーの水が出ずにいつまでも髪の毛を洗ったのはその夜である。なんとなく髪の毛を緑色の生臭い手が濡らしているような気がして何度も後ろを振り向いてしまった。オンドル

（韓国式床暖房）の効いた部屋に戻り、早めに寝たのだが、シャワー室での一件があったせいか、漁師から聞いた人魚、というか半魚女が夢に出てきた。

顔から胸元にへばりついた海草のような長い髪の毛の向こうに鋭く光る赤い目があり、口にはタチウオのような鋭く尖った歯が並んでいて、フリルのようなヒレを波打たせながらロープにつかまって手招きをする。あまり仲よくなれそうな気はしなかったが、人魚の夢を見たせいか翌日からの釣りはまずまずだった。風邪も引かなかった。

ルームミラーに映った男

伊豆半島の南伊豆と西伊豆の境に位置する伊浜をホームグラウンドにする友人が、いつも車で迎えに来てくれる仲間が行けなくなり、しかたなく自前のトラックで釣行したときの話。

神奈川県からの釣行なので、伊豆半島を山越えして近道するルートを選んだ。そのために海沿いのコンビニに立ち寄ってお茶とおにぎりを買い、トイレを借りた。しばらく夜道を走っていると背後になにかの気配がする。何度か気になってルームミラーをのぞいたが、なにも見えなかったので、気のせいだろうと思いそのまま車を走らせた。

しかし気配は消えない。気にはなったが、わざわざ車を降りて確かめるのも大人げないというか、気が小さすぎると思い、久々の釣りのことだけを考えながらハンドルを握った。

運悪く信号に引っかかって、信号が赤から青に変わった瞬間、何気なくルームミラーを見ると、異様に青ざめた男の顔があり、ジッとこちらをのぞいていたのだという。

怖ろしくなってスピードを上げたが、その「顔」はどこまでもついてくる。なにかを懇願するような、どこか切なそうな表情を浮かべている。車にはねられた人間の霊か。車に取り憑いた霊なら車を離れるしかないと思い、車を停め、ドアを開け、一瞬だけ荷台を見ると、どう見ても生身の男が乗っているではないか。

「こんなところでなにをしてるんだ。いつからそこにいる?」

「申しわけないです。さっきのコンビニで、つい乗ってしまいました」

「なぜ、オレのトラックに乗ったんだ?」

「店で山越えをすると聞いたもので」

聞くと、近くの集落から来て一杯やった帰りなのだそうだ。真冬である。帰りが遅くなってしまい、コンビニに入ると財布をなくしたことに気づいた。駐車場に座り込んでいたらトラックが目の前に停まった。一緒に店に入ると山越えをすると知り、荷台に潜り込んだのだった。悪い人間ではなさそうなので助手席に座らせ、恐縮する男を集落まで送り届けた。

いいことをしたのだから大漁に違いないと意気込んだものの、その日は潮が動かず、怖ろしいほどの貧果だった。友人は「乗せたヤツは霊ではなかったみたいだが、本当は人間じゃなく貧乏神だったのかもしれないな」とぼやいていたとか。実際にその日から貧果が半年ほども続いたという。ある意味で幽霊よりタチの悪い同乗者だったようだ。

第4章 特別な場

千人塚

海での怪異は古来さまざまな報告がなされており、それらはおおよそ以下に分類できるかもしれない。

一、海難事故などによる水死者の霊がベースになった、幽霊船、舟幽霊、海難法師、磯女、磯姫など。

二、人間界とは明らかに異なる海洋生物の異様さをベースにした、蛸入道、栄螺鬼《さざえおに》、アマビエ、日本では八百比丘尼伝説で有名な人魚など。

三、海という異界に棲む化け物や不思議現象をイメージ化した、海坊主、波座頭、牛鬼、蜃気楼《しんきろう》、不知火《しらぬい》など。

ただ、私たちが海で遭遇する不思議はとらえどころがなく、視覚化できないものも多いため、なかなか分類もしづらい。妖怪リストや不思議リストからこぼれ落ちるようなものもたくさんあるのだ。これは三重県で釣り具店を営むMさんが、初冬の男女群島へ某釣り具メーカーのカタログ撮影のために釣行したときの体験談である。

＊

Mさんは夫婦で釣りを楽しんでおり、そのときも奥さんが一緒だったという。長崎県の平戸を出港した高速瀬渡し船は夜中に男女群島へ着き、Mさんは奥さんとカメラマンの3名で男島の北端、つまり男女群島で最も北に位置する「上の赤瀬」という磯に渡った。ここは本島からは独立した比較的大きな岩場で、波風に強く、ポイントも多いために人気の釣り場なのだが、昔から「幽霊話」があとを絶たない場所でもある。

ただ、Mさんも奥さんも幽霊は信じていなかったので、そういう噂は気にもとめなかったという。奥さんは夜明けまで寝るからとすぐに就寝場所を設営し、カメラマンも撮影できるようになるまでは寝ることになり、Mさんひとりが竿を手に男島本島との水道側へ移動して釣りを始めた。

初めて渡った場所のうえ、真っ暗で地形もポイントもわからず、適当に寄せエサを撒いて釣っていたせいか、アタリはまったくないままに時間だけが経過していった。その夜は風も波もなく、海面がゆるやかに上下動するだけだった。

化学発光体を差し込んだウキの光が静かに揺れるのを見つめていると、どこからか声が聞こえてきた。さすがに釣り慣れている奥さんも磯では眠れないのかなと思いながら、そのまま釣りを続けていると、会話するような声も耳に入ってきた。眠れないカメラマンと話でもしているのだろうか。仕掛けを打ち返すうちに夜は白々と明けて、場所替えの時間になった。道具をたたんで船着場へ戻り、眠そうな目をこすりながら起きてきた奥さんに、眠れなかったのかと尋ねると、ずっと寝ていたという。カメラマンにも同じ質問をしたのだが、やはり熟睡していたという。

そのときになってMさんは、この磯では風もないのに釣り具が動いたり、岩場を歩きまわるスパイクの音が一晩中聞こえたりするといった話を思い出して、ゾクッとしたそうである。

実は、Mさんがアタリもないまま竿を出していた水道の対岸には「千人塚」がある。男女群島では1886（明治19）年からサンゴ漁が行われるようになったが、1906（明治39）年にサンゴ漁の船が海難事故に遭って1000人もの犠牲者を出したのだとか。その犠牲者を弔うために立てられたのが「千人塚」である。そんなことをだいぶあとになって知ったそうだ。

「あれはひょっとすると『人の声』ではなかったのかもしれない」

「そういえば、あの話し声は対岸から聞こえたような気もする」と、Mさんは当時を思い出しながらつぶやいた。

間引きの島

九州よりも韓国のほうが近いという国境の島・対馬では、「ビッグ・ママ」と呼ばれる巨大なクロダイが何度も目撃され、巨チヌ（巨大なクロダイ）を狙う釣り人が足しげく通う島でもある。

私も何度か訪れているが、巨チヌが棲むという浅茅湾は、上島と下島の間にリアス海岸が入り組んだ広大な入江だ。船で入江奥の岩場へ渡してもらうのだが、地形が複雑で、どこをどう走っているのか皆目見当がつかないほどである。入江には真珠の養殖棚が並び、その養殖棚を固定する太いロープが周辺の岩場に結びつけられている。水平線は見えない。波もない。春には巨木のような海草がびっしりと繁茂して、巨大なクロダイを釣り人から守っている。

＊

これは九州で有名なチヌ釣り名人のWさんから聞いた話であるが、浅茅湾には釣り人が渡りたがらない小さな島があるという。昔はどの島もそうであったように、住民は半農半漁で貧しい生活をしていた。少ない食糧を分け合いながら生活するため、働き手にならない子どもが産まれると「口減らし」として「間引き」が行われていたという。赤児殺しである。

「あの島が赤ん坊を投げ込んだという島ですよ」

そう言われて船から見たその島は、こんもりとした俵のような形をしていて、かすかに草が生《は》えた岩のてっぺんに小さな石碑が建っていた。

「てっぺんに深い井戸のような穴が開いていて、そこに赤ん坊を投げ込んだと聞きました」

と言われ、あらためて眺めるとちょっと異様な形をしているようにも見えた。

誰も近づかない島なので釣り荒れもしていないはず。それなら入れ食いを味わえるに違いない、と考えるのは釣り人の性である。幽霊など怖くないという釣り人たちが、過去に何度かそんな思いを抱いて島に渡ったそうだが、翌朝、船で迎えに行くと釣り人は竿を手にしたまま白目をむいて、口から泡を吹いて倒れていたという。「なにがあった?」と聞いても、その質問に答える釣り人はいなかったらしい。

島には自衛隊の駐屯基地があり、赴任してきた釣り好きの自衛官が話を聞きつけ、その島へ渡してくれと頼み込んだ。地元の漁師たちは止めたが、「オレには怖いものなんてないから大丈夫。オバケが出たら記念写真でも撮ってくるさ」と豪快に笑って取り合わない。とうとう業を煮やして自分でボートを漕いで島へ渡り、夜釣りをしたという。クロダイは夜行性の強い魚で、昔は夜釣りのほうがよく釣れるとされ、対馬でも夜釣りで狙う釣り人が多かったのだ。

翌朝、心配した漁師が様子を見に行くと、やはり、竿を手にしたまま泡を吹いて倒れていた。息を吹き返してから話を聞いたところでは、声が聞こえたのだという。それは子どものはしゃいでいるような声で、声は次第に数を増して大きくなり、その釣り人の周りに渦を巻くように取り巻き、耳を覆っても消えず、ついには耳をつんざくほど大きくなったそうだ。持参したカメラで撮った写真には、子どもの姿のような光がたくさん写っていたという。

その自衛官は、好きだった釣りをやめてしまい、それから半年もしないうちに本土へ移動願いを申し出て島を去った。以来、その島で釣りをしようという人間は誰もいなくなったらしい。

その話を聞いて、私も釣り師なので少し気持ちが揺らぎ、日中なら大丈夫かもしれないとは思ったが、さすがにその島へ渡してほしいとは言い出せなかった。

呼ばれた理由

知人が釣り仲間と静岡県熱海の地磯へ釣行したときのこと。

いつも同じポイントに入るのに、仲間はその日に限ってそのポイントを通りすぎ、ひとりで奥のほうへ歩いていった。なにか戦略でもあるのだろうと気にもしなかったが、いつもなら暗くなってもウキに化学発光体をセットして最後まで粘る男なのに、まだ明るいうちに竿をたたんで戻ってきた。

「今日はなんだか気が乗らなくてよ」

「そうか。じゃあ、オレも店じまいするから待っててくれよ」

「そのまま釣ってていいよ。後ろで見てるから」

そう言いながら、後ろの崖下へ小用を足しに行ってしばらくすると、悲鳴のような声が背後から聞こえてきた。驚いて振り向くと、仲間が崖下に立ち尽くしてなにかを指さしている。いつもは冷静沈着な男なので、これはただごとではないと思って竿を置き、すぐにかけつけた。

仲間が無言で指さす場所には骨のようなものが見えた。最初は海亀かなにかの骨だろうと思ったのだが、近づいてよく見ると人間の頭蓋骨だったのである。岩の向こう側には、頭蓋骨のほかにもまだ完全には白骨化していない死骸が見えた。上を見上げると、木の枝にブレザーらしき服が引っかかっていた。あとで警察から聞いた話では、崖上の岩の間に革靴があったそうだ。

やっと冷静さを取り戻した仲間と顔を見合わせ、まずは手を合わせ、それから煙草に火をつけ、線香代わりに岩の上に置き、もう一度手を合わせた。それから警察に連絡を入れたという。第一発見者はいろいろと取り調べを受けると聞いていたが、さすがに半ば白骨化していたので簡単な事情聴取で終わった。

それから1カ月後、警察から犯人が逮捕されたという連絡があった。千葉の不動産会社の社長が殺され、犯人はどういうつもりか遺体を捨てにわざわざ熱海まで来たらしい。熱海の某所はその昔「自殺の名所」として知られていたため、自殺に見せかけようとしたのかもしれない。この事件はテレビのニュース番組でも何度か扱われた。

「気が乗らなかったのはあのせいだったんだろうな」

「呼ばれたんだろうな、きっと」

「早く見つけてくれよ、って？」

「そういう話を聞くよ」

「なぜオレだったんだろうな、オマエだってよかったのに」

たしかに、そういう「呼ばれる」理由や人選については疑問が残る。その仲間は特段霊感が強いわけではないそうである。その後、誘っても一緒に釣りには行かなくなったそうだ。

自分が「呼ばれた」理由を、今も考えているのかもしれない。

寄ってくる卒塔婆

卒塔婆《そとうば》に寄り憑かれた友人がいる。

静岡県伊豆半島の先端にほど近い地磯へ、ひとりで釣行したときの話だという。

「ちょうどお盆だったからか、誰もつき合ってくれませんでした。しかたなく昼からひとりで出かけました」

適度な濁りがあってサラシもあり、それほど悪い条件には思えなかったが、魚はほとんど釣れなかった。たまに釣れるのがネンブツダイ（代表的な外道）というのは、なにかの冗談かと思った。それでもあきらめずに釣り続けていると、ウキを流していた20メートルほど沖の潮目になにかが浮いているのが見えた。

最初は「邪魔だなぁ」くらいに思い、糸が引っかからないように注意しながら釣っていたのだが、そのうちに手前に近づいてくるようになった。細くて少し長めの板切れが、狙うポイントと釣り座の間を漂うわけだから、釣りづらいことこのうえない。まるで釣りを邪魔されているようだった。

かなり近づいたときによく見ると、それは卒塔婆だった。お墓参りで新しい卒塔婆と入れ替えた古いものが、なにかの拍子で川にでも落ちて流されたのだろうか。その釣り場の周りにはお寺が多いから風で飛ばされたのかもしれない。

それにしても、なんとなく縁起が悪い。

「嫌だなぁと思って場所を少し移動して離れても、いつのまにかその卒塔婆も足下に漂っているんです。そういうことを3回ほどくり返しました。最後には、もうわかった、わかったから、という気持ちになっていましたね」

怖かったわけではないが、なんらかの思いを感じて竿を置き、その卒塔婆を拾い上げたのだという。文字が読めないほど腐食していたので、そっと持ち上げて大きな岩に立てかけ、煙草に火をつけて一服し、線香代わりに岩に置いて手を合わせた。

「お盆に殺生するのを諫《いさ》めようとしたのかもしれない」と思いつつも、せっかくだからと岩から離れた場所へ移動して釣りを続けた。すると、先ほどまでの無反応がウソのようにイサキやメジナが入れ食いになった。

暗くなってから釣り場をあとにするのがなんとなく怖くなり、まだ明るいうちに道具をたたんで帰り支度をすませた。崖の上まで登ったとき、なにか忘れ物をしたような気分になってポケットやバッグのなかを確認したが、別に忘れ物は見当たらなかった。自分が釣りをしていた周辺を見下ろしても忘れ物はない。

ふとそのとき、さっきの卒塔婆が風で倒れているのが目に入った。

「オレは信心深いわけでもないし、心霊現象なんて信じないタイプなんだけど、そのときはなんだか可哀想だなと思っちゃいました。またいつかは流されるだけなのに、そのままにはできない気持ちになったんです」

荷物を置いたまま、せっかく登った崖をまた注意しながら降り、大きな岩のところまで戻って倒れた卒塔婆を立てかけ、風などで簡単には倒れないように石で支えを作り、火をつけた吸いかけの煙草を2本置いて手を合わせた。

「心のなかで、もう呼ばないでねと頼みました。あそこの崖を登り降りするのはけっこう大変なんです」

崖上から、最後にもう一度だけ大岩に立てかけた卒塔婆に向かって手を合わせた。

はしゃぎ声

前項で紹介した卒塔婆に寄り憑かれた友人は、霊や心霊現象には興味がないにもかかわらず、なぜかそういう体験をしてしまう運命にあるらしい。夜釣りのほうが好きというのも不思議なのだが、知らず知らずのうちに霊たちの「依《よ》り代《しろ》」みたいな存在になっていたのかもしれない。

その日は夕方から従弟と一緒に東伊豆のゴロタ場で半夜釣りをしていた。岬を回り込んでくる風で海面は波立ち、糸もあおられて釣りづらかったという。

秋の夕陽が落ちて、あたりが暗くなり始めた頃、背後で女の子たちがはしゃぎ回っているような声がした。こんな時間に？　まさか。風が強かったので、木の枝や葉が擦れた音がそんなふうに聞こえたのだろうと気にもとめなかった。

従弟は少し離れて釣っていたので、同じ声を聞いたかは確かめようもなかった。

良型のメジナを取り込んだ頃にはすっかり暗くなっていた。しゃがみ込んで魚の口からハりを外そうとしていると、また女の子たちがはしゃいでいるような声が、今度は後ろの少し上のほうからはっきりと聞こえた。振り向いてもなにも見えない。誰もいない。

離れた場所で釣っていた従弟が戻ってきた。

「釣れた？」

「いや、全然ダメだった」

「こっちはちょっといいサイズが出たよ」

ところが、従弟は見せびらかすように持ち上げた魚をチラッと見ただけで、こんなことを聞いてきたのである。

「そんなことより、さっき、後ろのほうから女の子たちの声が聞こえなかった？」

「えっ？」

「あり得ないとは思うんだけど、気になってさ。最初は風か波の音だと思ったけど、あれはどう考えても女の子がはしゃぐ声だった。楽しそうに笑い合っている感じだった」

友人は自分もそのはしゃぎ声を聞いたこと、つい今しがたもちょっと高いところから聞こえたことを伝え、ふたりで背後にヘッドランプの明かりを向けた。

いくら心霊現象など信じないタイプでも、同じ場所でふたりが同じような声を聞いたわけだから、さすがに寒気がしたという。せっかく釣った良型のメジナもすぐに逃がし、静かに道具をしまい、できるだけ音を立てないようにその場を立ち去った。

「きっと楽しそうだなと近づいてきたんだと思うんですよ。話し声や音に反応するんじゃないのかなと考えて、なんとなく静かにそっと行動してしまいました。霊とかを信じているわけじゃないんですよ」

上の道路まで戻って、やっと声が出たそうだ。車のなかでも互いの体験をすり合わすように情報交換をした。その結果、声はたしかに女の子の声であり、しかも幼い女の子ふたりのはしゃぎ声で、話し声ではなかった、ということが一致した。

寒気がしたので温かいソバを食べようという話になり、近くのドライブインへ立ち寄って注文をすませると、年輩のおばちゃんがソバを茹でながら、「あんたたち釣りの帰りかい?」と聞いてきた。

「ええ、夕方から地磯で釣ってました」

「どこでやってたの?」

「ちょうどそこの下あたり。釣れなかったけど」

すると、そのおばちゃんは声をひそめるようにこう言ったのである。

「あんたたちなにか聞かなかった? なにか見なかった?」

友人は唖然として従弟と顔を見合わせた。

「ああ、やっぱりね。声がしたでしょ、小さい女の子たちの声」

おばちゃんの話によれば、昔、明治時代らしいのだが、三島から小田原へ奉公に来ていた幼い姉妹がいたが、仕事があまりにもつらくてふたりで逃げ出したのだという。しかし、幼い姉妹が逃げきれるわけもなく、つかまりそうになった姉妹は、連れ戻されるのが嫌で崖から飛び降りたらしい。その崖の下で友人たちは釣りをしていたようだ。

「よっぽどつらかったんだね、可哀想に。だから、聞こえるのはいつも楽しそうにはしゃいでいる声なんだって。このあたりじゃ有名な話でね、以前は崖の途中にお地蔵さんがあったんだよ。姉妹だったっていうからさ、あんたたちが兄弟に見えたのかもしれないね」

友人はそんなことなら遊んであげればよかったなと思ったそうだが、一緒に遊んでいたらどうなっていたのかはわからない。

引き寄せられる岩棚

いかにも寝心地のよさそうな断崖上の岩場や美味しそうな毒キノコ。世の中には一見優しそうな悪魔というものがいるらしい。夏目漱石は『吾輩は猫である』のなかに、「首懸《かけ》の松」という話を書いている。それは「昔しからの言い伝えで誰でもこの松の下へ来ると首が縊りたくなる。土手の上に松は何十本となくあるが、そら首縊りだと来て見ると必ずこの松へぶら下がっている」といった、ちょっと妖怪じみた松の木のことである。

海辺にもこうした場所は昔からあって、全国各地に「自殺の名所」と呼ばれる断崖絶壁が存在する。たしかに広大な海、はるか下の岩に打ち寄せる波、砕け散る飛沫を見ていると、精神がすり減っているときには、沖合からの風が耳元で「おいでおいで、さぁおいで」というささやきに聞こえるのかもしれない。

釣り場にもそんな「特別な場所」がある。それはいかにも釣りやすそうに突き出た岩棚で、足場がよく、海面からの高さも手頃、竿を出すには理想的な釣り座に思えるのだ。まるで釣り人を誘うために作られたような場所で、そこに立って寄せエサを撒くと良型の魚がどこからか集まってきたりする。

＊

伊豆諸島の八丈島は磯釣り師憧れの場所であり、大型のオナガやシマアジ、クチジロイシダイ、堤防からもメーター級のヒラマサやカンパチ、特大のキハダマグロなどが釣れる。そんな夢のようなフィールドに足しげく通った時期もある。八丈島をはじめとする離島の魅力には、海が荒れて船を出せないときでも、どこかしらに風裏があって竿を出せることもあるかもしれない。

私も海が荒れた日にはそんな地磯を求め、背負子に釣り具とエサを詰めて歩いたものだ。島の南側にある有名な地磯へもよく出かけたが、釣り場へ降りる途中には救命用の浮き輪とロープが設置されており、昔は緊急用の電話もあったそうだ。それほど海難事故が多発している場所なのだ。

離島の海はいろいろな意味でスケールが大きく、波の厚みが違う気がする。シケた日に堤防に打ち寄せる波を見ていると、あまりの迫力に寒気がするほどだ。堤防突端の灯台が傾いていたり、堤防が割れていたりするのは当たり前で、ときには海底の石が波と風で港の奥まで飛ばされてくることもある。

地磯での釣りはそれこそ自己責任だ。遊漁船や渡船利用の釣りとは違い、危険かどうかという判断は釣り人自身に委ねられている。「まだ大丈夫だろう」といった判断の甘さや遅さは命取りなのだ。だから地磯ではいつも以上に用心深くなる。釣り場へ入る前に、高い場所からしばらく海の様子を見てから歩き始め、釣り場に着いてもすぐには仕掛けを用意せず、ウネリの大きさや風向きをチェックしてから準備を始める。

＊

その日は海がシケていたわけではなく、いつもお世話になる渡船が休みだったために地磯へ向かったのだが、それにしても珍しいほどのベタ凪だった。常宿にしていたペンションのマスターとふたりで磯へ降り、先端方向へ歩いた。

平日だったこともあり、ほかに釣り人は3～4人いるだけだった。さっそく準備をして仕掛けをセット、マスターとは少し離れて竿を出した。寄せエサを撒くと竿下にイスズミが集まり、しばらくするとその下にオナガの姿も見えるようになった。あの手この手でなんとかハリのついたエサを食わせようとするが、なかなか思うように仕掛けが入らない。ふと横を見ると岩棚が出っ張っている一段低い場所があり、そこからなら仕掛けをポイントへ入れられるのではないかと思えた。

　こんなに釣りやすそうな場所が空いているのはラッキーだった。なぜ誰も釣らないのだろうと不思議に思いながら、荷物を持ってその場所へ移動。一段低くて足場が少し海へ突き出ているせいか、足下を釣りやすい。海面からの高さも低いので、糸が横風の影響を受けにくいのも助かる。最初からこの場所に入ればよかったと悔やんだくらいだ。

　狙い通り、場所を移動してすぐに良型のオナガを釣り上げることができた。やり取りもしやすかった。ようやく魚を浮かせて、玉網でランディングしようと腰を落としたときだった。

「なにやってんだよ！　そこから早く上がれ！」

　マスターが血相を変えて走り寄り、怒鳴ったのである。先に良型を釣られて怒っているのかなとも思ったが、怒鳴っているその顔は少し青ざめている。

「魚なんかどうでもいいから早く上がれって！」

　なぜ怒鳴られているのかわからないまま網ですくった魚をたぐり上げ、その岩棚から上がると、マスターはものも言わず素早く岩棚へ降り、寄せエサを入れたバッカンを持って逃げるように上がってきた。私はちょっとムッとして「これからが入れ食いタイムだよ」と言ったが、そんな言葉は耳に入らなかったようだ。

「さっきも言っただろ！　そこは何人も死んでるんだ。そこに立った釣り人が何人も大波にさらわれて命を落としてるんだ！」

「そんなこと言った？　憶えてないな。それに、今日は波なんてないから大丈夫だよ」

「オレはちゃんと言ったぞ。その場所にだけは入るなって」

そんな注意を受けた記憶がなかった。言われていたのだとすれば、なぜ憶えていないのだろう。

マスターは波の動きを気にするように沖を睨みながらこう言った。

「釣り人がそこで流されたのも、今日みたいなベタ凪の日だった。それなのに急にお化け波が来て、右側の壁伝いに盛り上がってそこに立っていた釣り人を海へ叩き落としたんだ。お化け波のことは知ってるだろ？」

お化け波。ずっと遠い海域で発生した台風などの波が、ウネリとなって穏やかな海を伝播しながらぶつかり合って強大化、快晴でベタ凪の海に突然現れる大波のことだ。「土用波」と呼ばれることもあるし、サーファーたちは「お化けセット」「お掃除セット」などと呼ぶこともある。まったく前兆なく襲うため、漁師たちも怖れてきた。土用波は台風の発生しやすい夏から秋にかけて多く見られる現象だが、太平洋の沖合に位置する八丈島などでは季節を問わず見られる、怖ろしい「お化け」みたいな自然現象なのだ。

「本当にオレの注意を憶えてないのか？」

「憶えてないな」

「あんなにはっきり言ったのに。遠くから見てたら、まるで誰かに呼ばれたみたいにフラフラそこへ歩いていたぞ」

「そうなんだ。それも憶えてない」

憶えているのはなぜかしきりに「いい釣り座だな」と思い、気になって目を離せなくなってしまったことくらいである。気づいたら、その岩棚にバッカンを置いて釣りをしていた。

その場所自体に、釣り人を引き寄せるような力があるとは思えない。そこで不運にも命を落としてしまった釣り人の無念が、怨念《おんねん》のようなものになって釣り人を呼び込むのだろうか。呼ばれる側にしてみたらなんとも理不尽な話だが、怨念とはそういうものらしい。昔から特定の土地に縛られた霊のことを「地縛霊」などというが、そういった霊の仕業なのかもしれない。

話を聞いてちょっと寒気がしたが、「気持ち悪いから帰ろう」というマスターの怖がりをからかいながら、その場所から大きく離れたところへ移動して釣りを続けた。それからは魚もあまり釣れなかったし、マスターはチラチラとその場所に目を向けてずっと落ち着かない様子だった。

しかし、岩棚を気にしていたマスターもいつのまにか釣りに集中して、気がつけばあたりが薄暗くなるまで竿を振り続けてしまった。私たちは大急ぎで釣り具をしまって車へ戻り、まるでその場から逃げるように互いに無言のまま車を走らせた。

しばらくするとハンドルを握っていたマスターが、「今、道路の横に誰かいなかったか?」と不安そうな声を出した。霊感というものを持ち合わせていない私はなにも感じず、なにも見えなかったが、マスターには見えたらしい。白い人影だという。それはあの岩棚でお化け波に呑まれた釣り人なのだろうか。

*

見慣れた港の近くに戻るまでの時間がやけに長かったことを憶えている。それからもその釣り場へは何度か足を運んだが、あの岩棚からはできるだけ離れたところで竿を出した。

八丈島以外にもそういう「危ない場所」はけっこうあって、地元の釣り人から注意されたことがある。理由もなく足を滑らせそうになったとか、つまずいて落ちそうになったとか、なかには足首をつかまれたという話もあった。最初は「好ポイント」を誰かに取られないためのデッチ上げのホラー話くらいに思っていたが、八丈島での体験後は素直に信じて絶対に近づかないようにしている。

潜伏キリシタンの島

長崎県五島列島は九州本土の西方に位置し、最南西端の福江島を中心に、久賀島《ひさか》、奈留島《なる》、若松島、中通島《なかどおり》が北東へ連なり、周辺には数多くの小島を抱え、複雑に入り組んだ海岸線を持つ。中通島の北側にはやや大きい小値賀島《おぢか》と野崎島と宇久島《うく》があって、これらと中通島を上五島、それ以外を下五島と区分けすることもある。山々が海に沈んでできた典型的な溺れ谷の地形は、日本列島の縮図のようだ。

古来、この島をたくさんの文物が往来した。深い入江は帆船が風待ちするのに好都合で、大陸や半島との交易にとって重要な中継地点であった。倭寇《わこう》の根城も福江島にあった。そしてなによりも、これらの島々はキリスト教伝来の影響を強く受け、幕末から明治初期にかけて苛烈な弾圧を経験している。

私は釣り雑誌の取材でこれらの島々を訪れているが、とりわけ記憶に残っているのがクロダイ狙いで釣行した福江島と久賀島であり、そこでは不思議な体験もしている。

＊

久賀島は三度訪れている。九州本土からの直行ルートはなく、飛行機かフェリーで福江島へ入り、そこから木口汽船のフェリーに乗り換えるか海上タクシーを利用するしかないのだが、釣り人の場合は久賀島の渡船が福江島まで迎えに来てくれる。

この島は久賀湾という奥行きの深い入江を抱えていて、広大な入江がクロダイ釣り場だったが、いつも、誰かから「見られている」奇妙な気配を感じた。談笑しているときや釣りに夢中なときはともかく、みんなから離れて竿を出しているとき、休憩しているとき、宿に戻って近くをひとりで散歩しているとき、こちらをジッと見ている視線を感じることがあった。その視線には悪意も怨念も呪詛《じゅそ》も嫉妬《しっと》も感じられない。ただただジッし見ているだけである。羨望という感じもなかった。だから別段怖さも感じなかった。イヌやネコ、カラスやトビなどの視線をふと感じることがあるが、それに近いかもしれない。

ところが、一度だけその視線の主と思われる「影」と遭遇したことがある。

釣りを終えて宿に戻り、夕方、夜食などを買いに「すぐそこです」と言われて向かった雑貨屋はかなり遠い場所にあって、戻るときにはあたりは薄暗くなっていた。田圃《たんぼ》ではカエルの大合唱が始まり、カラスがねぐらへ急いでいた。

ビニール袋をぶら下げて宿へ向かっているとき、視線を感じてふと目をそちらへ向けると、白くぼんやりとした半透明の「影」が道路を滑るように移動しているのが見えた。子どもの頃から、そういうものへの恐怖心というか警戒心が薄いので、なんとなく「影」に誘われるまま歩き、宿をすぎ、古い神社の前を抜け、渡船が係留されている小さな港まで歩いた。「影」はそのままスーッと突堤から夕闇に包まれた海面を渡って、対岸へ消えた。

私は「影」が消えた対岸をしばらく眺め、空を眺め、明日は少し風が強くなるかなと思いながら宿へ戻った。「影」とはいっても明確な姿形をしているわけではなく、特定の人にだけ視覚化される「気配」のようなものなのだろう。だから、そういう「影」が見えても誰かに「ほら、あそこに」などと教えたり、同意を求めたりもしない。

このとき見た「影」の意味をなんとなく理解できたのは、自宅に帰って釣行記を書くために久賀島のことを少しくわしく調べてからだ。

江戸時代の五島列島は飢饉《ききん》に見舞われていた。そのため、長崎の大村藩と協定を結び、移住者を労働力として受け入れたが、その多くが潜伏キリシタンだった。彼らは島内の細石流《ざざれ》、永里《えいり》、上ノ平、蕨《わらび》小島といった未開地を開墾して集落を作り、寺の檀家や神社の氏子になってキリシタンであることを隠しながら、畑や漁を手伝って静かに暮らしていた。

しかし、1865（慶応元）年3月、長崎の大浦天主堂での「信徒発見」をきっかけに久賀島のキリシタンも宣教師の指導下に入り、今後はキリスト教だけを信仰すると申し出た。3年後の1868（明治元）年11月、五島藩が久賀島のキリシタンを捕らえたところから、「五島崩れ」と呼ばれる激しい迫害が始まった。「崩れ」というのは「潜伏キリシタンが大量検挙され、取り調べを受ける状況」を意味する。

明治政府が発足したのは同年1月だから、すでに開国は宣言されていたが禁教はそのままで、むしろ新政府にとっても「危険な組織」と見なされ、弾圧を強化したのである。

久賀島でも200人の信徒が捕らわれ、静かな入江に面して建てたわずか6坪（12畳）の牢屋に8カ月もの間押し込められた。横になって眠ることもできず、排泄もそのまま。食事は朝夕にひと切れずつのサツマイモだけで、酷い拷問《ごうもん》も行われた。

踏み絵どころではなく、冬の海に長時間浸けられたり、手に炭火を載せられたりしたという。やがて、衰弱した子どもや女性から次々に命を落としていった。湧いたウジ虫に腹部を食い破られた者もいた。42人もの死者を出したこの事件を「牢屋の窄《さこ》」事件と呼ぶ。

その場所には「牢屋の窄殉教記念教会」が建てられ、牢死者の名を刻んだ石碑もあるそうだが、その場所こそが私が「影」を見送った対岸だったのである。薄暗くてよく見えず、知識もなかったので気づかなかったが、どうやらそういうことだったらしい。私は「影」の意思?を汲み、釣り雑誌ではあったけれど「牢屋の窄」について少し長めに書きつづった。

招かれざる客

五島列島には潜伏キリシタンにまつわる場所が多い。

カメラマンともうひとりの釣り人と3人で、福江島に滞在したことがある。ちょうどクリスマスの時期で、地磯を見つけて釣りをしているとどこからか教会の鐘が鳴って賛美歌のような歌声が聞こえてきたりした。

初日はレンタカーの手配が間に合わず、タクシーに釣り具を積んで適当な地磯へ連れていってもらうという変則的な取材釣行だったが、そのお陰でふだんは見ることのできない島の風景をたくさん見ることができた。海辺の墓地では十字を目立たないように刻んだ古い墓石があり、晴れて十字架を掲げた墓石があり、海に向かって祈りを捧げるマリア像も立っていた。

釣りを終えてタクシーに戻ると、運転手さんがこんなことをポツリとつぶやいた。

「今でん（でも）仏教の子はキリスト教の子ば（を）イジメよっとです」

彼がキリスト教徒か仏教徒かはあえて聞かなかったが、幕府や明治政府が勝手に押しつけた「差別政策」は、今も子どもたちの心にさえ影を落としているのだろうか。

その日の夜は長逗留になった古いホテルが用意してくれたステーキとケーキを食べ、ワインを飲んだ。

＊

翌日はレンタカーに釣り具を積み込んで、島を走りまわった。

キリシタン資料館が併設された堂崎天主堂のある奥浦湾と隣の戸岐《とぎ》湾、岐宿《きしく》湾を抜けて、水の浦湾に面したカトリック水の浦教会、遣唐使船日本最後の寄港地だった三井楽（みみらくのしま）、広大な玉之浦湾沿いを走って井持浦教会のルルドの泉へと足を延ばした。近くの入江で大きなクロダイも釣った。

その翌日だったか別の日だったかは曖昧なのだが、誘われるように細い山道へ入り、なんの情報もないままレンタカーを走らせると、やがて漁港に出くわした。なぜかそこでは竿を出さず、さらに続く細道へ。今思えば奇妙な行動だった。

曲がりくねった細道をずいぶんと走り、気がつくと車は小さな集落に入っていた。車を降りて見まわすと、屋根に十字架を掲げた家が数軒あり、ひときわ立派な十字架を頂いた公民館らしき建物もあった。おそらく教会なのだろう。人は誰もいない。

港まで出てみたが、集落の規模とは不釣り合いに立派な漁港だった。そこで少しだけ釣りをした。記憶にないところからすると釣果は散々だったのだろう。

ところが漁港の内側で奇妙な海洋生物の幼生をたくさん見た。いずれも半透明で美しい光を放ちながら、海面を静かに泳ぎ、なかには魚のようにヒレを持っているものもいた。海洋生物にはそこそこくわしいつもりだったが、その正体はいまだにわからないままである。おそらくクラゲやイカの類いだったのだろうが、その姿はまさに「幼生」ならぬ「妖精」だった。

そして見も知らぬよそ者の私たちが釣りをしたり、漁港内ではしゃいでいたというのに、誰ひとり見かけなかったのも不思議だった。

「クリスマス時期だから、みんな教会に集まっているんじゃないの？」と同行者。

それにしては、教会らしき建物の前を通っても祈りの声も賛美歌も聞こえず、人の気配すらない。空は青く澄み渡り、西の空だけがほんのりと夕方を知らせる黄色みを帯びていた。物音がない。住人が息を詰めて私たちを見ているような感じすらあった。

ここは、福江島にあるたくさんの岬のひとつのどん詰まりなのだろう。車ですらかなりの時間がかかった。明治の初め頃までは漁港も道もなかったに違いない。キリシタンたちはそんな森のなかをひたすら歩いたのだろう。おそらくは追われ、おそらくは逃げ延びるために。そしてやっとたどり着いた岬のどん詰まりに集落を造り、ひっそりと息を詰めるように暮らし続けたのではないだろうか。

ふと、ここの住人たちは今もひっそりと息を詰め、身を潜めているのかもしれないという思いが浮かんだ。ジッと物陰からこちらをうかがう「視線」を感じた。それは気のせいだったかもしれないが、私はいたたまれない気持ちになり、早く戻ろうと促した。

「珍しいね、早く戻りたいなんて」とからかわれたが、「そこに・これ以上・いてはいけないのだ」という思いが強くなっていた。私たちはその集落の平穏を乱す存在でしかないように思えた。「招かれざる客」である。

後日、その場所を思い返しながら地図を広げて探してみたのだが、どこだったのかがまるでわからない。つい先日もグーグルマップで航空写真もチェックしながら再チャレンジしたが、やはり見つからないのである。さすがに私たちがタイムスリップしたのだとは言わないけれど、全身に感じた「視線」と不思議な気分は今も続いている。

御前落とし

秋田県男鹿半島南西端の潮瀬崎から少し船川寄りに戻り、双六《すごろく》分港を経由してトンネルを抜けると椿《つばき》漁港がある。このトンネルの上から海へ突き出ている岬が館山崎で、ここに戦国時代の双六館《だて》という城跡が残っている。

双六館は館山とも呼ばれ、主は男鹿半島一帯を支配していた安倍・安東氏の一族である安倍千寿丸だったが、脇本五郎脩季《ながすえ》との戦に敗れて自害。奥方は館山崎から身投げした。

そして、のちにこの脇本五郎脩季もまた戦に敗れて自害することになるのだが、奥方も自らの夫が滅ぼした双六館があった館山崎へと追い詰められ、同じ崖から身を投げたという。

「御前落とし」と呼ばれるその場所は、ふたりの御前を呑み込んだことになる。

＊

現在、この館山崎はクロダイやマダイの好釣り場があることから、多くの釣り人が訪れる。

男鹿で私がいつもお世話になる釣り具店の店主は、昔からよくブッコミのマダイ釣りに行ったそうで、高校3年生のときもちょうどお盆の時期に友人とここへ釣行した。父の車で送ってもらい、翌朝迎えに来てもらう約束だった。

その日は雲が垂れ込めて霧も濃く、夜7時には薄暗くなっていた。潮が満ちていて岩棚は海水に浸かっていたため、釣り具やエサを詰めた背負子を背にヘッドランプを点《つ》けて用心しながら岩場を歩いていった。

ふと、なぜか右の崖が気になってヘッドランプを向けたがなにもない。今度は視界の左側になにかが白くボヤッと見える。頭を左右に動かしながら、ヘッドランプの調子が悪いのかとスイッチを入れたり切ったりしてみると、その刹那《せつな》、少し岩が突き出たところに、おかっぱ頭の白い着物を着た女の子が立っているのがはっきりと見えた。

奇妙な動きをしていたせいか、先行する友人が「さっきからなにしてるんだ」と振り返った。笑われるのが嫌で「なんでもない」と応えて視線を戻すと、そこにはもうなにも見えない。気のせいか。しかし今度はなぜか背負子がやけに重く感じる。平らな場所なのに転びそうになり、歩いていても右側が気になってしかたがない。振り向こうにも振り向けない。上からのぞき込まれている気さえする。

友人に「どうしたんだ」と問われるたびに「なんでもないって」と応え、やけに重い背負子に冷や汗を流しながらようやく釣り場に着いた。

そこは「御前落とし」と呼ばれる場所の近くだった。

仕掛けをセットして、ふたりで計7本の竿を出してアタリを待ったが、アタリはまったくなかった。仕掛けを上げてみるとエサがそのままついている。そんなことをしているうちに空が薄明るくなってしまった。

夏の朝は早い。薄明るくなった4時すぎには風も強くなり、どちらからともなく「上がろうか」という話になり、道具をしまい始めた。来た道を戻る途中も、背負子の重さはいつもとは違っていた。

駐車スペース近くにあるローソク岩まで戻ってきたところで、ようやく「実はさ、昨日、見たんだ」と夕べのことを友人に話した。友人は「道理で。なんだかおかしかったもんな」と納得してくれたようだった。話している間にも何度か背負子に重さが加わったことを憶えている。

とくに意識したわけではないのだが、ローソク岩のところで海に向かって手を合わせたとたん、背負子にかかっていた不可解な重みは消えていったという。

「親父の車が見えたときはホッとした」

もう20年以上も前のことだけれど、そのときの重くなった感触や自分の体が思うように動かない奇妙な感じは、今も鮮明に憶えているという。

後日。その話を耳にした友人が、「そんなものがいるわけないだろ」と館山崎へ夜釣りに出かけたが、いきなり後ろから何者かに押されて海へ落ちそうになり、吸いかけの煙草と缶コーヒーを放り出して、ほうほうの体で逃げ戻ってきた。最初は軽く押された程度だったが、振り向こうとしたら再びドンという勢いで強く押されたのだという。すぐにヘッドランプで周りを見渡しても誰もいなかった。道具をしまい終えるまでの時間がとてつもなく長く感じられたそうだ。

その後も明るい時間帯はともかく、暗くなってからは館山崎へは足が向かなくなったという。実は以前から、「あそこは出るみたいだよ」という噂はあったのだそうだ。火のないところに煙は立たず。やはりそういう場所へは、むやみに近づかないほうが無難なのかもしれない。

海難法師

伊豆諸島では、旧暦1月24日というのは特別な日になっているらしい。

もう30年以上も前のこと。仕事で正月休みを取れず、遅れて取得した長期休暇を利用して仕事仲間と式根島に宿泊釣行した友人がいた。冬の離島に釣り人は少なく、ましてや年末年始から大きく外れていたため、釣り場にはほかに釣り人はほとんどいなかった。寄せエサが少ないせいか最初は反応が鈍かったが、潮が効いて反応が出始めると良型のオナガが入れ食いになり、これにシマアジも交じった。

連日の大漁に気をよくしていると、宿のおばあちゃんが「これだけたくさん魚が獲れたんだから、明日は釣りを休んではどうか」と言い出したのである。2月中旬の週末を活用しての釣りだったが、釣行3日目がちょうど旧暦の1月24日だったようだ。もちろん、友人たちがそんなことを知る由もない。

伊豆諸島には「海難法師」という怪談じみた話がある。ただの怪談ではなく、それは今も島の風習に影響を与えており、旧暦の1月24日は家にこもって静かにしているのが習わしなのだという。家で静かにして、なにかをやり過ごすのである。昔は門口に籠を被せ、雨戸にヒイラギやトベラなど匂いが強い葉を魔除けとして飾った。外便所に行くことすらも禁じられ、甕や瓶で用を足したそうだ。どうしても外へ出なければならない場合には、頭にトベラの葉を載せて大急ぎで用事をすませ、絶対に海のほうを見ないで家に戻るのがしきたりだった。

宿のおばあちゃんの話では、そういう慣習をバカにして外へ出た若者たちは、たいてい不幸な目に遭ったという。血まみれで倒れていたり、急に口がきけなくなったり、精神を病んだり、波に呑まれて大ケガをしたり、命を落とした者もいたという。どこまでが本当の話なのかは不明だが、その口ぶりは真に迫っていたそうだ。

*

調べてみると、その昔、韮山《にらやま》代官所の管轄下にあった伊豆諸島の八丈島に代官として赴任した豊島忠松という人がいた。20年も役職にあったせいか、いつのまにか私腹を肥やす「悪代官」となって島民たちから恨まれていた。

思い悩んだ島民たちは密かに相談、途中で海が荒れそうな日を選んで代官に「島めぐり」

視察」をするように仕向けた。1628（寛永5）年の冬、代官を乗せた船が伊豆大島から新島へ向かう途中、思惑通りに大シケとなって船は転覆、代官は溺れ死んだ。それが旧暦の1月24日。

その後、伊豆諸島の島々ではなぜかその日に人が亡くなる凶事が相次ぎ、豊島忠松の怨霊が「海難法師」となって海を渡り、それに遭遇すると命を落とすという話になった。とりわけ夜が更けてからは、海に出ることも海を見ることも相成らんとされ、お餅を食べて早寝をするのが島の風習になった。

三宅島《みやけ》では「皿出せ、土器出せ、それがなきゃ人間の子出せ」と言いながら海難法師が家々を回るとされ、24日夜は玄関先に皿を置き、子どもたちを早く寝かしつけた。神津島では若者たちが古いしきたりを嫌ってその日の夜にどんちゃん騒ぎをし、3人が不審な死を遂げたという。

言い伝えや風習は島によって微妙に違っていて、御蔵《みくら》島では鉄下駄を履いて赤い衣を着た異形の海の神さまが1月20日に海から訪れ、24日の夜に村にやってくるとされている。海難法師は赤い帆船に乗ってやってくるらしいのだが、それはこの神さまの赤い衣に由来するのだろう。この日は島中がひっそり静まりかえる。

いっぽう、悪代官を海に沈めた島の若者たち25人は船でいったん逃亡したものの、どの島も、どの村も、幕府の刑罰を怖れて彼らを受け入れず、島々をさまよった挙げ句の1月24日夜に船が沈んでみんな死んでしまい、島民たちに裏切られて死んだ若者たちの亡霊が海難法師になったという説もある。

伊豆大島には「日忌様《ひいみ》」という風習が昔からあり、旧暦の1月24日から25日には家を出ず、海も船も見てはいけないとされる。25個の団子や餅を神棚に供え、海で拾ってきた25個の石を並べて通り道を作り、海水を注いで清めておくそうだ。この風習が言い伝えと合体して、25人の若者の亡霊になったのかもしれない。神津島には「二十五日様神事」という風習があり、神職が闇夜に海からの来訪神を迎えて集落内や辻々の猿田彦神を巡拝するそうだ。

＊

もちろん、友人たちにそんな知識はなく、おばあちゃんから聞いた話だけだったが、実際に当日はすべての船が港につながれたままとなって渡船ができなかった。しかたがないので地磯へ歩いていったが、おばあちゃんから聞いた話が頭をよぎる。朝、心配そうな顔でお弁当を手渡してくれた姿も忘れられない。

なんとなく海を見ないようにしてはいたが、海を見ずに釣りはできない。そこそこ魚が釣れだすと「夜が正念場みたいだから、日中は大丈夫じゃないか」と勝手な解釈をして釣りを続けた。

ただ、奇妙なことも何度か起こった。オナガの鋭いエラブタで指を切ったり、イシガキフグのトゲに刺されたり、寄せエサを入れたバッカンが風もないのに岩場から転がって海へ落ちたり、ハリが足下の岩場に引っかかって無理に外そうとして竿を折ったり、大物らしき魚に糸を切られてウキを何個も流したり、ふだんあまり起こらないトラブルが頻発した。

宿の人たちが心配するといけないからと、早めに道具を片づけての帰り道にスパイクが滑ってヒザをケガした仲間もいた。だが、「今日はやめておいたほうがいいよ」というおばあちゃんの忠告を無視した手前、そんな話はできず、ヒザのケガも部屋でこっそり治療して黙っていたそうだ。

その日の夜はいつもより質素な夕食で、最後にお餅を出され、ビールもコップに1杯だけ。部屋に戻って飲もうと注文したアルコール類もやんわり断られた。「あまり大声で騒がないように。できれば早めに寝てください」と念を押された。

夕方からは風が強くなり、夜になると雨も混じって大荒れとなった。岩場に砕ける波音も響いてくる。海難法師の話を聞いていたので、窓を打つ風音さえ赤い衣を着た入道のような人男がこぶしで叩いているように思えた。日中のささいなトラブルがやけに気になって会話も弾まず、風と波の音を聞きながら早々に布団に入ったそうである。

南洋の記憶

パラオ共和国は太平洋の西、フィリピンの東、ニュージーランドの北に位置するミクロネシア地域の島々からなる共和制国家だ。古くはスペインの殖民地、その後はドイツ領ニューギニアの一部となり、第一次世界大戦のドイツの敗北によって、第二次世界大戦終了まで日本の委任統治領となっていた。

日本統治時代に現地用教科書編纂のため、南洋庁の書記として赴任していたのが『山月記』や『李陵』などで知られる作家の中島敦である。『環礁』『南島譚』といった作品には、太平洋戦争前のパラオの風景や人々の暮らしが描かれている。

首都は最も大きな島であるバベルダオブ島のマルキョクだが、以前は「日本・パラオ友好の橋」でつながっている南西側のコロール島にあった。

太平洋戦争ではパラオの島々も巻き込まれたが、最も激しい戦闘があったのはコロール島から南西に40キロほど離れたペリリュー島であり、現在でも島内には戦車や戦闘機の残骸、日本兵が潜伏した洞窟が残されている。ペリリュー島にいた日本軍兵士約1万5000人のほとんどが死亡、実際の戦闘から生き延びたのはわずかに14人。アメリカ軍も2000人を超える戦死者を出し、戦傷者や戦病者を含めると1万人以上の人的損失を被《こうむ》った。あまりに苛酷な戦闘は2カ月半も続いて、「狂気の戦場」とも呼ばれた。

＊

現在のパラオは、釣りやスキューバダイビングをはじめとする観光で賑わう平和な南洋の島国である。そんなパラオに「クロダイがいるらしい」という話を聞きつけて、取材チームの一員として磯竿を手に出かけたのである。

パラオといえばGT（ジャイアント・トレバリー）と呼ばれる巨大なヒラアジが人気ターゲットだが、私たちの目的はあくまでもクロダイの仲間であるナンヨウチヌやキチヌ（関東ではキビレ）系統の魚で、これをウキ釣りで狙う。当然のことながら、竿を出す場所もリーフが広がる美しいサンゴ礁ではなく、やや濁った真水混じりの汽水域である。最初に目をつけたのは日本軍が物資運搬に使った軍用橋の橋脚だった。その一部がマングローブが生い茂る河口近く、人工的に造られた水道のなかに頭を出していたのである。

美しい海に背を向け、湾奥に取り残された四角いコンクリートの人工岩（橋脚）にボートで渡り、長い竿（磯竿）に小さなウキをつけた奇妙な仕掛けで釣りをする日本人は、現地ではしばらく話題になったらしい。せっかくパラオにいるのに美しい水平線すら見ずに、濁った水にウキを浮かべる釣り人はやはり奇異に映ったようだ。

ただ、そんな場所でもオキアミのエサに食いつくのは、ナポレオンの異名を持つメガネモチノウオや中型のヒラアジやカスミアジ、モンガラカワハギ、ホシフエダイ、バラクーダといった面々ばかりだった。強烈な引きと立て続けにやり取りするとさすがに疲れる。

橋脚の上にはいつしかヤシの木が伸びて葉を拡げ、その周囲には草も生えていた。狭い草むらに座り込んで休憩していると、どこからか重油が燃えるような匂いが漂ってきて、なんとなく気持ちが悪くなってしまった。

「なんか匂わない？」

「いや、べつに」

しばらく座っているうちに気分は戻り、いつのまにか匂いも消えていた。もしかしたら、戦時中の誰かの記憶が匂いをまとって時空の裂け目から流れ込んできたのかもしれない。そこがそういう場所だったというのはあとで知ったのだが、昔からたまにそういうことが起こる。「時空の裂け目」というのはもちろん譬《たと》えだが、今現在の自分とは違う誰かの記憶のようなものを感じることがある。それはいつも匂いと一緒にやってきた。子どもの頃は匂いがすると気分が悪くなって寝込んだり、ひどいときは嘔吐することもあったらしい。

そのときはそれだけだったが、後日、GTを狙って外海でボートからのルアーフィッシングの帰途、ボートが静かな入江に入るのと同時にまた匂いがやってきた。今度は気分は悪くならなかったが、かすかに耳鳴りがして目を閉じて座り込んだ。

「ここにお連れしたのは、太平洋戦争で犠牲になった日本の戦闘機が眠る場所だからです」

フィッシングガイドをしてくれた日本の青年がそう言って指さす海底をのぞき見ると、白いサンゴ砂が敷き詰められた美しい海底に、戦闘機の残骸が沈んでいるのが見えた。

「おそらく連合軍の戦闘機グラマンに撃墜された零戦ではないかと思います」

入江の水があまりにも透明だったため、まるで空の上から戦闘機の残骸を見下ろしているような気分になった。別に悲しいという感情はなかったけれど、涙があふれてきた。偏光グラスのお陰で気づかれずにすんだが、感情とは無関係にあふれる涙というのは初めてだった。

見上げるとフルーツバット（果物しか食べない食用のオオコウモリ）が2匹、じゃれ合うように、絡み合うように飛んでいった。ガイドの青年も「日中に飛ぶのは珍しいですね」と不思議そうに見上げていた。フルーツバットも夜行性なのだろう。

＊

そんなことがあったパラオから、次に向かったのはヤップ島だった。ちょうどクリスマス時期で、あちらこちらに簡素な飾りつけがされていた。ヤップに到着した夜がクリスマス・イブだったのだが、ホテルの廊下でアメリカから旅行に来たという老夫婦に話しかけられた。ご主人は懐かしそうな表情で話しかけてくる。奥さんは片時も煙草を指から放さないヘビースモーカーだった。

話を聞くと三沢基地にいたことがあるという。日本人は大好きだ、とも。そういう流れで夜は一緒にディナーを楽しみましょうということになった。

電飾に囲まれた屋外テーブルでクリスマス・ディナーを食べながら歓談していると、実はペリリューにもいたのだとつぶやいた。それはひどい戦いだった。仲間はたくさん死んでいった。日本の兵隊もたくさん死んでいった。昨日までパラオにいて、ペリリューへ慰霊に行っていたのだという。

「アメリカ人も日本人も関係ない。両方の戦死者ために神さまに祈った」

明るい気さくな顔が曇り、奥さんの指からそのときだけ煙草の煙が消えた。

それは不思議なめぐり合わせだったというしかない。私たちはめぐり会わされたのかもしれないとさえ感じた。いろいろな思いのこもった南洋の島のクリスマス・イブになった。

日本海中部地震で起きたこと

1983（昭和58）年5月26日11時59分、秋田県の能代市西方沖80キロで逆断層型地震が発生した。地震の規模はM7・7。日本海中部地震である。これは当時日本海側で発生した最大級の地震であり、揺れによる被害のほか、秋田県、青森県、山形県の日本海側では10メートルを超える津波によって大きな被害が出た。死者104人のうち100人が津波による犠牲者だったという。

「このあたりではさ、それまで大きな地震も津波もなかったものだから、大きな揺れを感じたみんなは広い海辺へ集まったのさ。今では揺れを感じたら海へ近づくなというのが常識だけども、当時はそういう知識もなかったから、よけい犠牲が大きくなったんだ」

訪れた秋田県男鹿半島加茂青砂《かもあおさ》で、宿と渡船業を営む親父さんはそう言うと、初冬の光を反射させている穏やかな海を睨んだ。

本震に先立ち、前震とみられる地震が5月14日と22日にあり、本震はおよそ20秒の間隔を置いて連続したという。「秋田沖地震」「日本海秋田沖地震」とも呼ばれたが、その後「日本海中部地震」が公式名称となった。

当時、テレビ画面で津波が迫る映像を観て、愕然とした記憶がある。当日は波も静かで穏やかな晴天、さらには地震発生が日中だったこともあり、沿岸には漁船や作業船も多く出ていて、それに釣り人や訪れていた遠足児童も加わり被害を大きくした。犠牲者は護岸工事中の作業員41人、釣り人18人、遠足中の小学生13人などを数えたという。

生き延びた釣り人

これは地元の人の話だが、地震発生時に沖磯で竿を出していた彼の知人は、立っていられないほどの揺れを感じて岩にしがみついたという。ただ、地震や津波の知識があまりなく、すぐにはなんの変化もなかったのでそのまま釣りを続けていた。もちろん地震のあとに津波が来るくらいは知っていたものの、海面が少し盛り上がる程度だろうと考えていた。

案の定、しばらくすると竿先で海面が少し盛り上がった。ところが、怖ろしかったのはそのあとだったという。海面がぐんぐんと下がり始めて、やがて水深4メートルほどもある海底が丸見えになったのだ。茶色や赤の海草が岩にへばりつき、でこぼこした岩が折り重なるように続き、まるで地獄の底を見ているようだったそうだ。それはふだんは見ることのない世界、まさしく「異界」の光景だった。

同時に「これは大変なことになる」と感じた。しかし、沖磯からすぐには逃げられない。彼はとっさの判断でライフジャケットを脱ぎ、できるだけ高い場所にある岩の隙間を見つけて潜り込み、両足を突っ張りつつ岩に背中を思いきり押しつけて、津波が来るのを待った。

遠くからさまざまな叫び声や音が聞こえてくるなか、ライフジャケットを脱いだお陰で津波に流されることなくなんとか耐え抜いたが、波のなかで息を止めている時間は気が遠くなるほど長く感じられたそうだ。やっと息をすることができるようになっても、体が硬直して動けない。第二波、第三波が来るのではという恐怖もあった。だがその後の津波は足下をかすめるだけで通りすぎ、波は次第におさまった。

最初はそれが現実なのかどうかもわからなかったという。気がつけば釣り具はすべて流されていた。ずぶ濡れのまま起き上がって周りを見回すと、泥濁りの海があちらこちらで蟻《あり》地獄みたいな渦を巻き、たくさんのゴミがその渦へ吸い込まれていた。あとで聞いた話では、そういう渦に呑み込まれた釣り人もいたそうだ。港の駐車場から流れた自動車も吸い込まれていったという。

細かい状況は不明だが、ライフジャケットを着ることで助かった人もいれば、脱ぐことで流されずにすんだ人もいるという事実には驚いた。もちろん、海での活動はライフジャケットを着用するのが基本である。事故に遭ったときに「救助しやすい」し、そして悲しいことだが、不運にも命を落としたときに「捜索しやすい」「発見されやすい」という意味も含んでいる。このときの津波でも「ライフジャケットさえ着てくれていたら助けられたのに」という事例は多かったそうだ。

遠足での悲劇

加茂青砂では、遠足で訪れていた北秋田市立合川南小学校の児童43人と引率教諭たちが津波に巻き込まれた。すぐに漁船などが救助にあたり、岸に流れ着いた子どもたちは浜の人々に助けられ、30人は救出されたが児童13人は呑み込まれて命を奪われた。いつもお世話になる渡船の船長も救助と遺体捜索に向かい、すべての遺体を収容して行方不明者はゼロだった。そのときの感謝状が宿の壁にかけられている。

船長は家にいたそうだが、揺れで倒れた家具やらを片づけようとしていたところに、「津波だぁ！」という叫び声を聞いて飛び出した。

「津波が来れば港の船が流されると思ったんだ。堤防の向こう側の海が渦巻いて大きくふくれ上がっているのが見えた。大急ぎで船へ走ったんだけど、途中で海の水が膝上まで押し寄せてきて、このまま船着場へ行っても流されると思ってあわてて引き返した。しばらくすると今度は海面がどんどん下がって引き波になった。それはなにもかも吸い込むような凄まじい流れだった。自分の船も仲間の船も、沖へ流されていくのを見送るしかなかった」

そのとき、岩場にしがみついている子どもが見えたのだそうだ。遠足に来て宿の前の海岸で遊んでいた子どもたちだった。船長は揚げてあった船外機船を下ろして、渦を巻く海へ走らせた。「なんとか助けたい一心で身の危険は考えなかった」。仲間も加わり、3艘の小船が白く泡立つ海へとくり出した。

「海面にポカポカ浮いている赤い帽子を目印にして子どもたちを船に引き上げ、岩場にしがみついていた子どもたちも引き上げ、浜へ戻ってはまた船を走らせ、3艘で20数人を救助したと思う。やっと救い終えて浜に戻ったのは夕方の4時だった」

その後も何度か船を出して捜索を続け、最終的に32人の子どもたちや先生を救出して午後5時頃に捜索を打ち切った。地震発生から5時間近くも救助作業を続けていたことになる。

同じ頃、子どもたちが流された浜にいた船長の奥さんは、近所の奥さんたち3人と浜から津波に流された子どもたちを必死に救助していた。近くにあった板やロープなどを護岸から投げ、みんなで5~6人を助けた。

「それでも助けきれない子どももいたの。赤い運動帽、青いトレパン、リュックを背負った子どもたちが引き波で沖へ流され、白い渦のなかに浮いたリンゴみたいな赤い運動帽が沖へ沖へ流されていく光景は、白昼に悪夢を見ているようだった」という。

子どもたちを乗せたマイクロバスが宿の前の駐車場に停まったのは、地震が起きたあとだったそうだ。しかし、途中で揺れを感じなかったか、津波に対する警戒心が乏しかったせいか、停まったバスからは子どもたちが勢いよく降りて海岸へ散らばっていった。その様子を眺めながら、奥さんたちはさっきの地震の話をしていたそうだ。そんなところへ襲った津波。逃げようもなかっただろう。

「今でもあのときの子どもたちの声が聞こえる気がするの。そのあとの、赤いリンゴみたいに沖へ流されていった叫び声も」

そういうときは目をつぶって、ただただ手を合わせるしかなかったという。

子どもたちの声

加茂青砂のすぐ近くに、剣崎という沖へ突き出た地磯がある。そこはクロダイやアイナメ、マダイも釣れる人気釣り場で、釣友の知り合いが地震の翌年に半夜釣りをしていたとき、どこからか子どもたちのはしゃぐ声が聞こえてきたという。

その釣り人は山形からやってきたためか、津波災害の話は聞いていなかったらしい。最初は岩に砕ける波の音かなと思い、次には崖上の木々を揺する風の音かなと思いながら釣りをしていると、次第にはしゃぎ声が自分のほうへ近づいてきたという。なにを話しているかは聞き取れなかったが、幼い子どもたちが話したり笑ったりしながら遊んでいるようだった。だがあたりはすっかり暗くなっていて、子どもが遊ぶような時間ではなかった。

気のせいだろうと自分に思い込ませながら海面を漂う電気ウキの光に集中したが、声はますます大きく、近くなり、たまらず頭につけたヘッドランプのスイッチを入れ、その光を声が聞こえるほうへ向けてみた。が、なにも見えなかった。

少し離れた場所にポツリポツリと夜釣りをする人はいたのだが、みんなジッと竿を出しているところをみると、声が聞こえているのは自分だけかもしれないと思い、そのとたん、背中を冷たいものが流れ落ちたという。あわてて道具をしまい、帰り支度をしている間にもはしゃぐような声はどんどん近づいてきた。そんなときは煙草の煙が線香の代わりになるという話を思い出し、震える手で煙草に火をつけた。煙を吐き出しながら背負子を背負い、「南無阿弥陀仏、南無阿弥陀仏」と小さく唱えながら崖上にホテルが建つ斜面を登ったそうだ。

斜面にたどり着く前に数人の釣り人の後ろを通ったが、誰も異変を感じている様子はなかった。なぜ自分だけと思いながら斜面を登り終えて駐車場にへたり込むと、はしゃぎ声は消えていたという。荷物を車に積み込むときも背後が気になり、積み終えると一目散にその場を離れた。

後日、その海岸で起こった津波のことを知り、声が聞こえたあたりでも子どもの遺体が見つかったと教わり、自分の身に起こったことに納得がいったそうだ。今でも不思議なのは、山形からはるばるやってきた自分にだけ、なぜあんなことが起こったのかということ。そのときはまだ津波被害のことも知らなかったのだから、刷り込みによる心理的な現象ではなかったはずである。

もちろん、その釣り人が剣崎を訪れることは二度となかった。私も何度かその場所で暗くなるまで釣りをしているが、そういう現象には遭遇しなかった。一帯は風光明媚な観光地として知られ、今では浜辺でBBQなども楽しめる場所になっているらしい。

＊

似たような話は全国各地で聞いた。災害などの犠牲が出た海辺では、「声がする」「背後に気配を感じる」「釣れますか？と声をかけられて振り向くと誰もいない」、あるいは「人魂のような光を見た」「白い影が歩いていた」といった現象が数多く報告されている。

しかし共通しているのは実際に危害を加えられたり、不幸な目に遭ったり、そのことがトラウマになって心を病んだ人はほとんどいないということ。そして長い年月がたつとそういった現象は起こらなくなるということだ。

おそらくは突然のことで、自分が死んだのにも気づかぬまま遊んでいるのではないだろうか。そして、やがて遊び疲れるのかもしれない。そもそも悪気はないし、呪いや恨みもないため、時間が浄化してくれるのだろう。

男鹿市立加茂青砂小学校（2001年4月に北陽小学校へ統合され廃校）には、犠牲となった合川南小学校の慰霊碑が建立されていて、私も釣りの合間に（といってはなんだが）訪れて、手を合わせたことがある。子どもたちが流された海岸の沖に浮かぶ岩場にも渡って何度も釣りをしたが、はしゃぎ声が聞こえたことも寒気を感じたこともない。一度だけ大きな波を被ってキモを冷やしたくらいである。

怪異と記憶

近隣にある男鹿水族館GAOでは、日本での仕事を終えてチューリッヒに帰る直前、観光で訪れたスイス人夫妻が津波にさらわれて夫人が亡くなっており、慰霊のために水族館駐車場脇にマリア像が建てられている。像の下に遺影がはめ込まれており、40年たった今も明るく笑っている。死者は歳を取らないし、楽しかった記憶はいつまでも残り続けるのだろう。

地震が起こったときは「怖い怖い」と言いながら出口へ急いだそうだが、海のないスイス生まれでもあり、周りの人たちも「日本海では地震がきても津波は来ない」と言い合っていたため、駐車場へ向かってしまい、その途中で津波に巻き込まれたそうだ。男鹿水族館の職員たちは津波を予測して100人ほどの観光客を高台の有料道路に誘導したのだが、残念ながらそちらへは行かなかったらしい。第一波で流されたとき、夫は突き出た岩礁にしがみつくことができた。しかし、夫人は遠く流された。第二波が来るまでは必死に浮いていたという。

ちなみにこのスイス人夫妻が津波に遭遇した「事件」は、秋田県出身の漫画家・矢口高雄が『激濤　マグニチュード7・7』の第3集「磯焼き」で、多少設定を変えたうえで作品化している。

＊

海はさまざまなものを呑み込んでいく。だから、全国の海辺には怪異現象となって失われたものたちが記憶されているのかもしれない。怪異を語り継ぐことは記憶をつなぐこと。忘れないこと。ときには「警告」として思い出させてくれる。

私に貴重な体験を語ってくれた船長夫妻は最近相次いで亡くなり、スイス人の夫も、子どもたちを引率した先生たちや父母の多くも、もう今はもうこの世にいないと思う。だが、怪異現象や怪異話はずっと生き続けるに違いない。多くの人たちを守るために。

おわりに

子どもの頃から不思議な話や奇妙な話が大好きだった。そのせいか、いまだに夢とも現実とも判別できない記憶をいくつも抱えている。それらは、昔なら囲炉裏《いろり》端で近所の子どもや孫たちに語り聞かせるような類いの話だったかもしれない。そうやって語り継がれるうちに、個人的な体験や記憶からたくさんの民話や童話が生まれたのだろう。

もちろん、現代にも不思議なできごとや奇妙な話はたくさんあるが、それらは語り継がれる熟成期間を経ずにテレビ番組で取り上げられたり、ショッキングな「怖い話」といったまとめかたで活字化されてしまう。そんななかから「トイレの花子さん」や「口裂け女」といったトリックスターが生み出されることもあるけれど、どこかチープなホラーのイメージがつきまとう。最近ではSNSを通して無理矢理生み出されたホラー話も少なくない。

民俗学者で『遠野物語』『山の人生』などの著作で知られる柳田國男は、民話や昔話や怪談などのなかにさまざまな民俗学的要素を探り、それらを文化の栄養源として位置づけたが、そういった話がすべて「真実」とは言えないと『怪談の研究』という文章に書いている。

「怪談には二通りあると思う。話す人自身が真個《ほんとう》の話だと思って話すのと、始めからこれは嘘と知りつつ話すのとの二通りある」。しかし「怪談には全部嘘のものも少いが、また全部真個のものも少い」と。

虚実入り混じって、輪郭が定まらないのも怪談や怪異譚の特徴である。語り継がれるうちに本当の話に脚色という嘘が入り込んで、それゆえにむしろ真実味を増すということがあるし、もともとは作り話だったのに語り継がれる過程で本当に体験した話の断片が織り込まれて、現実味を帯びた不思議物語に仕上がることも少なくない。

「たしかに自分は見たのであるが、余りに世間の人が何とも言わぬので、或いは夢だったかなと、思うことが時々ある。見たばかりかたしかに感動をしたのだが、年がたつともうどうでもよいような心持ちになっている」。(柳田國男『発見と埋没と』より)

現実なのか夢なのか、年月がたってしまうとあまりにも遠いできごとで、その境目がわかりづらいのである。たしかに「見た」はずなのだけれど、それが「現実」だったという確証がない。ひょっとすると「夢」を見ただけなのかもしれないけれど、それを

「見た」という事実は疑いようがない。それはまるで超リアルに描かれた夢の風景画にも似ている。

現実と夢はそれぞれ別の「世界」であり、一方からすれば他方は「異界」なのだ。19世紀フランスの幻想作家ジェラール・ド・ネルヴァルは、代表作の『オーレリア』という小説を「夢は第二の人生である」という一文で始めている。人はふたつの人生（ふたつの世界）を生きているのかもしれない。ただ、それぞれが異界なので、互いに認識できず思い出せないだけかもしれないのだ。

そうした「異界」からなにかの拍子にふと迷い出てきたものは、人間であれ、妖怪であれ、幽霊であれ、妖精であれ、怪物であれ、神さまであれ、自分自身であれ、こちらの世界の常識からはみ出た異様で怪しい存在として知覚される。それが「怪異」の正体なのだろう。

昔から「この世ならざる」「この世ならぬ」といった表現があって、そこには理解の範疇《はんちゅう》を超えたものに対する恐怖と驚嘆が混在している。悪魔も神さまも魔女も天女も「この世ならぬ怪異」という点では一緒なのである。

怪異話は山村に多い。周囲の山は奥深く、奥へ入り込むほどに幽玄な世界であった。

そこは天狗や山男や雪女やさまざまな動物霊や妖怪や神さまたちがいる異界であり、そうした異界との緩衝地帯ともいうべき里山には、理解しやすい「異界からの使者」としてキツネやタヌキや河童などが出没する。彼らは村人をだましたりイタズラをしかけるなどして、そこから奥へ入り込まないように警告を発しているのに違いない。

柳田國男の代表作ともなっている『遠野物語』の冒頭部分には、「国内の山村にして遠野よりさらに物深き所にはまた無数の山神山人の伝説あるべし。願わくはこれを語りて平地人を戦慄せしめよ」という「宣言」が記されている。

もちろん海辺にも怪異話は少なくないが、海というフィールド自体が大気のある地上や空とは別のシステムで成り立っている「異界」であって、人間は海中に永く留まることはできないし、海中で暮らすこともできない。だからこそ浦島太郎は竜宮城にいた時間と引き換えに人生を失ったとも言える。海に棲むものたちはエラやヒレやウロコを持つ異形のものであり、歩いたり走ったりすることはできずに泳ぐことで移動し、コミュニケーション・ツールとしての声や言葉も持たない。同じ時間を共有することはできないのである。

歩いていて、いつのまにか山に迷い込んでしまうことはあり得ても、いつのまにか海のなかにいたということはあり得ない。迷い込むにはなんらかの手続きが必要なのだ。

泳ぐことは長続きしない。素潜りにも限度がある。海中に長時間滞在するためには「ノーチラス」号や「しんかい２０００」が必要だった。私たちが海中をのぞく方法としては水族館がある。そこで私たちは自分たちの日常とかけ離れた異界の姿に驚くのである。

しかし、本格的な山と人間界（村）の中間に里山があるように、海辺にも里浜がある。そこには異界である海の底知れぬ深みやはるか遠くからさまざまなものたちが流れ着き、押し寄せてくる。海辺に漂着するモノを「寄物」といって、それは海辺の人々にとって海からの恵みでもあった。潮流に乗って訪れた材木や遭難船の船材は燃料になり、海草などは食糧になり、貝殻は飾りになったが、海の向こうから訪れるのが神さまや得体の知れぬもの、怖ろしい魔物や亡者、あるいは土左衛門だったりすることもある。姿はなく気配や息遣いや足音だけだったりもする。

地続きの山と違って海と陸地との境界は明確である。地上界の現世に生きる人間が歩み入ることを海水が拒絶する。それは海に棲むものたちにとっても同じことだ。だから「海の怪異」はほとんど海辺で起こる。寄物が流れ寄るのは海岸線であり、私たちがそれらと出遭うのも海岸線である。海岸を歩けば漂着物を拾うことができる。なかでも釣りは釣り糸という想像力を異界である海中へ垂らし、探り、推理しながら、異界の生物である魚を釣り上げる遊びであり、当然のことながら釣り師と怪異との接近遭遇率は高い。

明治の文豪で漁師が舌を巻くほどの釣り名人だったという幸田露伴は、釣りに関する作品をいくつも遺している。多くの随筆や、『鉤の談』『釣車考』といった釣り道具についての研究論文のようなものもあるが、最も知られているのは『幻談』という東京湾のクロダイ釣りをテーマにした怪談風の小説である。

「さてお話し致しますのは、自分が魚釣を楽んでおりました頃、或先輩から承わりました御話です」と語り口調でつづられた小説には、竿を手にしたまま溺死した土左衛門と遭遇した釣り師が、死体の手から竿を奪い取るところから一気に話が怪談めいてくる。

江戸時代、水死体は怖ろしいものではなかったという。潮の上げ下げで近づいたり離れたりする水死体があると見物人が集まり、有料で舟を出す者もいたそうだ。その水死体が葬られたお墓にも長蛇の列ができた。水死人の墓に手を合わせるとご利益があるという俗信があったらしい。漁師たちも土左衛門を見つけると大漁になるという俗信を信じ、水死体を見つけると奪い合いになったという話すらある。

死は日常の延長であって、「異界」からの漂着物に怖さは感じなかったのだろう。この小説でも船頭は水死体を「お客さん」と呼び、「それは旦那、お客さんが持って行ったって三途川で釣をする訳でもありますまいし、お取りなすったらどんなものでしょう」とささやいている。翌日は雨だったが土左衛門を見たせいか竿のせいか入れ食いになったが、その帰りに同じ場所でまた竿のような細長いモノが海面を出入りしているのを見て少し怖くなり「南無阿弥陀仏と言って海へかえしてしまった」話である。

強がってはみたが「お互に何だか訳の分らない気持がしているところへ、今日は少し生暖かい海の夕風が東から吹いて」寒気がし、「客も船頭もこの世でない世界を相手の眼の中から見出したいような眼つきに」なったのである。

夕闇。水死体。竿。生暖かい海風。同じ場所で海面を出入りする竿を見る幻覚。それらが「この世でない世界」から滲み出てきた怪異を構成する要素だ。科学的に割り切ればどうということのない現象にすぎないけれど、そこになんらかの気配を読み取ってしまうと寒気がするのだ。露伴は「古い経文の言葉に、心は巧みなる画師の如し、とございます」と『幻談』に書いている。

本書に集めた話は、それぞれの「心」が理解不能な異界から滲み出た気配を描いた「画」なのかもしれない。釣り師の報告が多くなったのは筆者自身が釣り師だからであるが、先述したように釣り師は異界からの漂着物と遭遇する確率が高い。海岸線に立てばはるか彼方の水平線まで視線や意識をさえぎるものはなにもない。夜は闇に包まれてしまう。「画」を描くカンヴァスは限りなく大きい。海辺でのＵＦＯ目撃件数が多いのもそのためであろう。

未確認の光や動きや形や匂いや気配を語るのは難しいが、こちらの取材に応えて言葉にしてくださったみなさんには心より感謝したいと思う。漂着した浜から消え去る前に採取したい話はまだまだたくさんある。それらをあと少しだけでも拾い上げ、こうして活字にして標本化することができればと願う今日この頃だ。釣り竿とカメラとメモ帳を手に海辺を歩く旅は終わりそうにない。

高木道郎（たかぎ・みちろう）
1953年青森市生まれ、神奈川県在住。釣り具とカメラを手に北海道から沖縄、海を渡って韓国やパラオなどへも出かけるフリーランスライター。得意なジャンルはクロダイやメジナを狙うウキフカセ釣り。多くの釣り雑誌の編集も手がける。
著書に『磯釣りをはじめよう』（山海堂）『高木道郎のウキフカセ釣り入門』（主婦と生活社）『釣りはサイエンス』（ソフトバンク・クリエイティブ）など多数がある。

写真＝高木道郎
編集＝佐藤徹也　勝峰富雄
装丁＝高橋 潤
本文DTP＝藤田晋也

海之怪

海釣り師たちが見た異界

二〇二三年三月一九日　初版第一刷発行

著　者　高木道郎
発行人　勝峰富雄
発　行　株式会社天夢人
〒一〇一－〇〇五一　東京都千代田区神田神保町一丁目一〇五番地
https://www.temjin-g.co.jp/
発　売　株式会社山と溪谷社
〒一〇一－〇〇五一　東京都千代田区神田神保町一丁目一〇五番地
印刷・製本　大日本印刷株式会社

◎内容に関するお問合せ先
天夢人編集部　info@temjin-g.co.jp　電話〇三－六八三七－四六八〇
◎乱丁・落丁のお問合せ先
山と溪谷社カスタマーセンター　service@yamakei.co.jp
◎書店・取次様からのご注文先
山と溪谷社受注センター　電話　〇四八－四五八－三四五五
ファクス　〇四八－四二一－〇五一三
◎書店・取次様からのご注文以外のお問合せ先
eigyo@yamakei.co.jp

＊定価はカバーに表示してあります。

Printed in Japan　ISBN978-4-635-82455-2